Spion am Schulcomputer

Irma Krauß

SPION AM SCHUL COMPUTER

Irma Krauß
Spion am Schulcomputer

Umschlagbild von Sabine Lochmann

2. Auflage 1998
Copyright © 1998 Text, Illustrationen und Ausstattung by aare Verlag
(Sauerländer AG), Aarau, Frankfurt am Main, Salzburg

Printed in Germany

ISBN 3-7260-0516-1
Bestellnummer 02 00516

Alle Rechte vorbehalten. Das Werk und seine Teile sind urheberrechtlich geschützt. Jede Verwertung in anderen als den gesetzlich zugelassenen Fällen bedarf deshalb der vorherigen schriftlichen Einwilligung des Verlages.

Die Deutsche Bibliothek – CIP-Einheitsaufnahme
Krauß, Irma:
Spion am Schulcomputer / Irma Krauß. – 2. Aufl. –
Aarau; Frankfurt am Main; Salzburg: Aare 1998
ISBN 3-7260-0516-1

Inhalt

1	Marcel zieht mal wieder aus und nimmt das Wichtigste mit	8
2	Mir fehlt was, aber nicht, was Mama denkt	13
3	Judiths Ohren leuchten wie zwei Ufos und meine auch	18
4	Ralf und ich sichten Judith bei den Grünlingen	25
5	Für Ralf baue ich absichtlich Mist	29
6	Brettl wirft mich vielleicht weg wie eine faule Kartoffel	32
7	In der Bücherei erwartet mich eine Überraschung	35
8	Judith nervt, aber das ist der Preis, den ich bezahlen muss	38
9	Ich mache Brettl klar, dass ich ein Musterschüler bin	44
10	Ich tausche Briefchen mit Judith	46
11	Vielleicht ist Judith doch ein Kumpel	50
12	Der Direktor erschreckt uns zu Tode	54
13	Mädchen waren bisher unsere erklärten Feinde	59
14	Ralf versucht Gehirnwäsche mit Leberwurst	63
15	Was kann man von einem Lehrer anderes erwarten	68

16 Brettl ist ein Geheimniskrämer	**72**
17 Mein Bruder hat das genialste Spiel	**76**
18 Im Netz ist alles möglich	**83**
19 Wenn aber bei Brettl ein Alarm klingelt	**87**
20 Wer glotzt mich da so schadenfroh an	**94**
21 Ich wälze finstere Gedanken	**99**
22 Mich trifft's wie ein Blitz	**106**
23 Ralf zeigt mir den Vogel	**113**
24 Mein Vater setzt seine Dienstmiene auf	**118**
25 Geräusche, die einem das Blut gefrieren lassen	**122**
26 Ralf ist sauer auf mich	**125**
27 Star Devil an Brettschneider	**130**
28 Ich bin eben ein verkanntes Genie	**135**
29 Brettls Geheimnis ist bei mir sicher	**140**
30 Ich verblüffe Marcel mit meiner Hellseherkunst	**144**

Wenn …

… ein Computer auch nur ein bisschen eigenen Grips hätte, wenn er ausspucken könnte, was ihm kein Programmierer eingegeben hat, dann würde er vielleicht zu Jonas sagen: Wir zwei, Jonas, du und ich, haben uns ja gut miteinander amüsiert. Aber war's schließlich und endlich nicht besser, dass Marcel mich mitgenommen hat? Sonst hättest du weiterhin an mir geklebt und nie rausgefunden, was in Judith steckt und was den Brettl so ganz anders macht als alle anderen Lehrer …
Wenn! Aber ein Computer – sogar so ein Spitzenrechner wie der von Marcel – ist eben nichts als ein Gehäuse voller Halbleiter. Selbstständig denken kann er nicht und sich erinnern und reden erst recht nicht. Er tut nur so.
Erinnern muss sich Jonas.

1 Marcel zieht mal wieder aus und nimmt das Wichtigste mit

Ich sehe, er blinzelt mir zum Abschied nicht mal zu, der treulose Kerl. Dabei hab ich ihm wochenlang meine ganze Freizeit geopfert, aber restlos! Hab ihn am Laufen gehalten und nicht auskühlen lassen und mit Programmen gefüttert, wie er's am liebsten mag. Und jetzt schweigt er und geht.
Ich meine den Spitzencomputer meines großen Bruders.
Er und mein Bruder sind die zwei wichtigsten Teile im Haus. Wenn sie da sind. Meistens sind sie leider weg. Seit Marcel an der Uni ist, wohnt er nur noch in den Semesterferien daheim. Zusammen mit seinem Megarechner.
Heute ziehen sie mal wieder aus. Sie fehlen mir jetzt schon!
Es gibt bei uns auch noch einen Vater und eine Mutter. Ganz ehrlich, die zwei würde ich leichter gehen lassen. Obwohl sie wirklich in Ordnung sind.
Ich gucke meinem großen Bruder hinterher, wie er die Treppe hinunterwankt. Er geht schwer in die Knie, seine Arme werden immer länger. Der Monitor ist ein elend unförmiges Stück und mein Bruder keucht: »Jonas, bist du da oben eingeschlafen? Mann, mach die Tür auf!«

Ich nehme zwei Stufen auf einmal, renne an ihm vorbei und reiße die Haustür auf, die immer von selber zufällt.
In der Einfahrt steht die Schandbeule bereit. Die sieht so aus, wie sie heißt, und ist Marcels Auto. Er hat es von einem Kumpel geschenkt bekommen, der wahrscheinlich ausprobieren wollte, wie viele Ersatzteile vom Schrottplatz beim TÜV durchgehen. Die Schandbeule ist also nicht gerade der Traum von einem Auto. Aber, wie mein Bruder gerne sagt, man kann nicht alles haben. Entweder einen anständigen Rechner oder einen anständigen Wagen.
Immerhin funktioniert die Karre noch. Die Beifahrertür ist offen. Marcel setzt mit letzter Kraft den Monitor auf den Sitz. Da thront er nun, braucht den ganzen Platz und blinzelt nicht ein bisschen.
Auf der Rückbank steht schon der Rechner selbst und neben ihm der Drucker. Den Drucker hab ich tragen dürfen. Es ist mir richtig schwer gefallen, obwohl das Ding so ein Leichtgewicht ist. Mit jedem Teil, das im Auto verschwand, wurde nämlich unser Haus leerer. Der Joystick und die Tastatur liegen auch schon im Fußraum hinter den Sitzen.
»Bringst du noch die Lautsprecher, Jonas?«, fragt Marcel.
»Ungern«, bekenne ich.
Mein Bruder grinst. »Das ist mir klar. Aber sieh es so: Die Lautsprecher allein nützen dir auch nichts!«

Womit er leider Recht hat.

»Musst du wirklich schon weg?«, maule ich.

Er wühlt in einer Kiste mit Kabeln. Wahrscheinlich sucht er nach der Maus. Die ist ganz unten drin, wie ich weiß.

»Das Sommersemester fängt doch noch lange nicht an«, meckere ich weiter.

»Aber mein Praktikum, lieber Jonasbruder. Hast du die Maus gesehen?«

»Ja, sie ist drin«, sage ich deprimiert und mache mich schleppend auf den Weg, die Lautsprecher zu holen.

Als ich zurückkomme, steht Mama bei Marcel.

Obwohl sie doch daran gewöhnt sein müsste, schüttelt sie wieder mal den Kopf. »Und wo tust du deine Unterhosen hin? Und die Marmelade? Und das Brot? Und …«

»Die Unterhose hat er schon an«, sage ich. »Brot und Marmelade leiht er sich von seiner Zimmernachbarin aus.«

»Jonas, also, weißt du«, rügt Mama, »für deine elf Jahre bist du wirklich viel zu frech!«

»Finde ich auch«, bestätigt Marcel. Er zwinkert mir zu, als er mir die Lautsprecher abnimmt, was beweist, dass wenigstens er kein Gehäuse voller seelenloser Steckkarten ist.

Ich gucke ihn an und seufze tief. »Heute Abend beame ich mich zu dir!«

»Ich schick dir einen Leitstrahl«, gibt er zurück.

Mama schaut zwischen uns hin und her. »*Was* macht ihr?«

Wie gesagt, sie ist ganz in Ordnung, nur ein wenig von gestern.

»Die Software!«, rufe ich plötzlich. Mir ist die Kiste mit den CD-ROMs und den Disketten eingefallen, die auf Marcels Bett steht.

Mein Bruder schenkt mir einen dankbaren Blick und rennt zum x-ten Mal ins Haus.

»Soll das heißen, da muss noch was rein?«, fragt Mama ungläubig. »Was immer das ist, es hat keinen Platz mehr, es bleibt da!«

Ich schaue sie mitleidig an. »Mom, ohne Software läuft nichts!« *Mom* darf eigentlich nur Marcel zu ihr sagen, von mir mag sie das gar nicht hören.

Aber jetzt hat sie anscheinend nicht darauf geachtet. Sie zeigt wortlos mit einem langen Anklagefinger in den Kofferraum hinein. Da drin ist links die große Kabelkiste und rechts stehen übereinander zwei Werkzeugkästen. Einer davon ist für die Schandbeule, falls sie mal unvermutet stehen bleibt, was jederzeit sein kann; der andere enthält alles, was Marcel braucht, wenn er am Computer rumschraubt. Der ziemlich kleine Kofferraum ist damit leider voll.

Mama zieht jetzt den Finger ein und versucht irgendwie mit bohrenden Blicken Platz zu schaffen. Sie tut mir echt Leid.

»Die Unterhosen könntest du ja in die Ritzen quetschen«, schlage ich deshalb vor.
Aber meine vernünftige Anregung ist ihr nicht mal eine Antwort wert. Sie stampft davon und sagt zu gar keinem: »Wisst ihr was, das ist mir doch egal! Ich habe die Tasche gepackt und in den Flur gestellt, macht doch damit, was ihr wollt!«
Ich finde, es ist gut, dass sie weggeht. So muss sie sich nicht mit anschauen, wie Marcel die Reisetasche wieder ausräumt und alles zwischen die Computerteile stopft, was sie so schön und mütterlich für ihn verpackt hat.
Er grinst, als er mir die leere Tasche gibt. »Bring sie unauffällig in mein Zimmer, Jonas, ja?«
Ich nicke. Jetzt ist es also endgültig so weit, Marcel haut ab.
»Wann erfinden sie an deiner Uni das Beamen?«, frage ich ihn schnell. »Arbeiten sie denn wenigstens daran?« Das wäre nämlich im Moment die dringendste Aufgabe der Wissenschaftler, denke ich mir. Wenn sie gelöst werden könnte, würde ich mich jeden Abend zu Marcel aufs Zimmer beamen und mit ihm und den anderen Studenten Computerspiele machen. Mein Bruder lacht, wie sonst nur erwachsene Besserwisser lachen; dabei weiß ich genau, dass er sich selber auch fortbeamen möchte, jawohl. Nach Silicon Valley nämlich, wo sie immer die neuesten Computersachen erfinden.

Er drückt kurz meine Schulter. Dann klettert er in die Schandbeule, und zwar durchs Fenster, weil auf der Fahrerseite wieder mal die Tür klemmt. Ehe er Gas gibt, ruft er mir zu: »Ich schlage dich als Testperson vor, Jonasbruder, wär dir das Recht?«
»Jaaa!«, brülle ich hinter ihm her.
Als die Karre mitsamt ihrer blauen Stinkfahne um die Ecke verschwunden ist, grüble ich darüber nach, ob Marcel das ernst gemeint oder nur Spaß gemacht hat. Wenn sie wirklich Testpersonen brauchen, will ich echt dabei sein! Sollen sie doch meine Materie umwandeln und mich mit mehrfacher Lichtgeschwindigkeit durch die Gegend beamen!

2 Mir fehlt was, aber nicht, was Mama denkt

Ich überlege, ob ich noch zu Ralf gehe. Wäre besser als Marcels fürchterlich leeres Zimmer anzustarren. Aber ein Blick auf die Uhr sagt mir, dass es sich nicht mehr lohnt. Bald gibt's Abendbrot. Papa wird gleich verschlafen aus dem Keller kommen, wo er seit Mittag pennt, weil er nämlich heute Nachtschicht hat.
Ich trotte ins Haus. Von Papa noch nichts zu sehen. Die Reisetasche schlurrt über die Kanten der Stufen, als ich

nach oben stapfe. Marcels Zimmer ist tatsächlich so leer wie ich befürchtet habe. Die Steckdosen gähnen mich an. Auf dem Bett ist noch der Abdruck von der Softwarekiste. Das Staubmuster auf dem Schreibtisch zeigt mir die Umrisse der entschwundenen Geräte.
Ich schubse die Tasche mit dem Fuß unters Bett. Als ich mich umdrehe, steht Mama in der Tür.
Sie schaut mich nur an. Eine ganze Weile lang. Mir wird richtig komisch unter ihrem Blick. Will sie vielleicht Theater machen wegen der blöden unbenützten Tasche?
Falls sie das vorhat, fängt sie allerdings seltsam an.
»Armer Jonas«, sagt sie nämlich. »Du hast schon Pech. Wirklich.«
»Wieso?«, frage ich verblüfft.
Mama lächelt zerknirscht, als müsste sie sich für was entschuldigen. »Ich weiß, was dir fehlt. Dir fehlt ein Bruder in deinem Alter! Einer, mit dem du spielen könntest! Stattdessen hast du nur Marcel …« Sie zuckt traurig mit den Achseln.
Nein, Hilfe! Ich starre sie entgeistert an. Ein Bruder in meinem Alter! Das kann ich mir überhaupt nicht vorstellen!
»Ey, ich hab nichts gegen Marcel«, sage ich.
»Aber er ist doppelt so alt wie du!«
Doppelt so alt wie ich? Schnell rechne ich nach. Richtig, zweiundzwanzig ist noch mal so viel wie elf. Wenn ich mal fünfzehn bin, ist Marcel dann etwa dreißig?

O Mann, dreißig! Armer Hund. Aber das ist dann sein Problem. Und außerdem ist es noch lange nicht so weit.

»Mama, ich wünsch mir Marcel keinen Tag jünger, wirklich nicht!«, beteuere ich deshalb.

Sie mustert mich zweifelnd.

»Du kannst es glauben, Mom.«

Ein nervöses Zwinkern verrät mir, dass sie die Anrede nicht mag. »Aber einer zum Spielen, Jonas, oder einer, der mit dir in die Schule geht …«

»Mom«, rufe ich verzweifelt, »es gibt keinen besseren Bruder als Marcel!«

»Ja, das schon«, stimmt sie mir eilig zu. »Aber er ist einfach zu alt für dich. Und übrigens, Jonas, du musst ihm nicht alles nachmachen, du darfst mich gerne noch Mama nennen!«

»Tu ich doch, Mom!«

Ich schlage mir die Hand auf den Mund. Mama nickt und lacht ein bisschen. Dann geht sie.

Ich plumpse auf Marcels Bett. Sie wird das mit mir und Marcel nie begreifen. Ein Bruder, der Informatik studiert, der einen solchen Spitzenrechner hat, der über alle neuen Spiele Bescheid weiß und sie auch noch *besorgen* kann, ein Bruder, der im Internet surft, wo er sich die Tricks für komplizierte Spiele runterzieht, ein Bruder, der mir noch nie hingerieben hat, dass er doppelt so alt ist wie ich: Ein solcher Bruder wird nicht für eine Million gegen einen anderen ausgetauscht!

Nur leider ist er halt jetzt mal wieder weg …

Mir kommt ein Gedanke. Den habe ich öfters, aber im Augenblick ist vielleicht die Gelegenheit günstig, ihn auszusprechen.

Ich stürze Mama hinterher. Sie sitzt schon wieder vor der Nähmaschine. An der Wand hängen ein paar Bügel mit Edelklamotten. Mama arbeitet nämlich als Änderungsschneiderin für ein Modehaus.

Ich gucke ihr eine kleine Weile zu. Dann sage ich: »Also, mit dem Spielen hast du ja irgendwie Recht. Aber einen Bruder in meinem Alter brauch ich dazu nicht. Ey, hörst du? Nur einen anständigen Computer!«

Die Nadel rennt durch den Stoff. Mama antwortet ohne aufzugucken: »Aber du *hast* doch einen Computer, Jonas!«

»Die Krücke!«, stöhne ich.

Jetzt nimmt sie den Fuß vom Pedal und schaut hoch.

»Mit dem hat Marcel doch auch angefangen«, bemerkt sie vorwurfsvoll.

»Seitdem sind tausend Jahre vergangen!«

»Aber Jonas …«

»Auf der Krücke läuft kein einziges neues Spiel!«

»Na, na. Für die Schule reicht er doch?«

»Für die Schule schon. Aber …«

Sie beugt sich zufrieden wieder über ihre Maschine.

»Mom!« Mein Blick verfolgt die verrückte Nadel. »Es ist, wie wenn du das da *mit der Hand* bewegen müsstest!«

Anstatt endlich zu begreifen, lächelt Mama nur milde. Locker schiebt sie immer mehr von dem silbrigen Glibberstoff unter die Nadel und die beißt sich knapp am Rand entlang vorwärts, wahnsinnig schnell und ganz präzise. Ist bestimmt nicht einfach. Überhaupt stellt sich Mama mit jeder Maschine in ihrem Haushalt ganz toll an, da kann man nichts sagen. Es will mir nicht in den Kopf, dass eine wie sie so gar nichts vom Computer begreift. Papa ist, nebenbei bemerkt, darin auch nicht viel besser. Als Polizeibeamter im Streifendienst schreibt er gerade mal seine Berichte am Computer.
»Mama«, sage ich, »du kannst es mir glauben, ich habe einen Steinzeitrechner.«
Daraufhin steht die Nadel endlich still, Mamas Hände ruhen ausgebreitet auf dem Stoff, Sorgenfalten erscheinen auf ihrer Stirn.
»Was würde denn ein neuer kosten?«, seufzt sie.
Ich überschlage. Einen sehr schnellen Prozessor bräuchte ich, einen üppigen Speicher, eine spezielle Grafikkarte, einen 3D-Beschleuniger, Soundkarte, Netzwerkkarte, zwei Lautsprecher ...
»Vielleicht dreitausend?«, sage ich vorsichtig.
Mama reißt die Augen auf. »Sonst geht's dir gut, Jonas?«
»Ja, sonst schon«, murmle ich. Ich hab's ja gewusst, es ist nicht zu machen. Wir haben noch die Schulden vom Haus und Papa verdient nicht so klotzig, kaum mehr als Mama. Marcel arbeitet neben dem Studium, sonst

könnte er sich einen solchen Rechner gar nicht leisten. Ich lasse den Kopf hängen. War echt ein blöder Gedanke. Nächstes Mal behalte ich ihn wieder für mich. Mama sagt tröstend: »Wenn du mal studierst, Jonas!« Ja, dann! Ich grinse sie an. Wenn ich mal studiere! Bis dahin bin ich alt und tot und vermodert!

3 Judiths Ohren leuchten wie zwei Ufos und meine auch

Brettl hat die Aufsätze korrigiert. Er ist unser Klassenlehrer und gibt Deutsch und Englisch. Jetzt steht er vor uns, hält den ganzen Packen in der Hand und macht ein wichtiges Gesicht. Eigentlich heißt er Herr Brettschneider.
Ich schau Ralf an und Ralf mich. Au wei, denke ich, gleich kommt wieder ein Hammer. Eine Arbeit, die von Rotstrichen wimmelt. Ich habe nämlich ein kleines Problem mit Deutsch, vor allem mit der Rechtschreibung. Schon letztes Jahr, als ich die Fünfte zum ersten Mal machte, war es so. Jetzt sitze ich zum zweiten Mal drin, aber darin bin ich leider nicht besser geworden.
Den Aufsatz hier hab ich allerdings nicht mal ungern fabriziert. Wir mussten einen Gegenstand beschrei-

ben, so dass ihn jeder erkennt. Es sollte ein Rätsel werden. Klar, was ich genommen habe.

Ralf hat sich den Gabelstapler ausgesucht, mit dem sein Vater in einem Lager Paletten verschiebt. Er war schnell fertig und hat mir dann zugeguckt.

Brettl liest jetzt das beste Rätsel vor. Schon nach zwei Sätzen wissen wir alle, dass eine Gitarre gemeint ist. Aber wir müssen es uns bis zum Schluss anhören und Judith für die treffenden Wörter bewundern, die sie gefunden hat.

Bei Judith merkt man inzwischen, behauptet Brettl, dass sie sein Angebot nützt und fast jeden Nachmittag zum Üben in die Bibliothek kommt.

Judith ist es peinlich, das sieht man an ihren Ohren, aber es geschieht ihr recht. Ihre Ohren schimmern wie zwei Ufos.

Ralf bemerkt es auch. Er grinst mich an. Mit Leuten wie Judith reden wir gar nicht; was sollten wir mit einer anfangen, die jeden Nachmittag zu Brettl rennt und Wörter übt! Ganz abgesehen davon, dass Mädchen sowieso nicht unser Fall sind.

Brettl ist noch nicht lang an unserem Gymnasium, er ist für einen Lehrer auch noch ziemlich jung. Mein Bruder, der vor zwei Jahren hier sein Abitur gemacht hat, kennt ihn nicht. Ich kann ja nichts weiter gegen ihn sagen. Außer dass er dauernd versucht uns in seine Bibliothek zu locken. Er verwaltet nämlich die Unterstufenbücherei und sitzt dort freiwillig jeden Nach-

mittag wie eine Spinne im Netz und wartet auf Leute wie Judith. Als er in der Bücherei angefangen hat, gab es dort nur Bücher. Er hat aber angeblich jetzt ein paar Computer reingestellt. Auf denen können Leute, die es nötig haben, mit Lernprogrammen üben.
Computer, ha! Ich kann mir schon denken, was für welche das sind. Solche wie meiner! Ich hab den Informatikraum unserer Schule gesehen, da drin stehen lauter uralte Teile. Mein Bruder sagt, die hat man schon zu seiner Zeit gekauft, sie waren stinketeuer, deshalb müssen sie wahrscheinlich bleiben.
Brettl ist mit Judith fertig und nimmt jetzt langsam das unterste Blatt vom Packen. Er kündigt an: »Diese Arbeit hier zeugt von einer beachtlichen Kenntnis. Aber ob es eine Gegenstandsbeschreibung ist …?«
Die Spannung steigt, als Brettl den Blick durchs Zimmer wandern lässt. Jeden guckt er an, nur mich nicht. Das gibt mir zu denken. Mir wird ziemlich heiß. Mein Bruder hat mal gesagt, wenn sie dich nicht anschauen, meinen sie dich. Ich kriege die Bestätigung sofort. Jawohl, er meint mich.
Er liest meinen Aufsatz vor.
Meine verdammten Ohren fangen jetzt auch an wie Ufos zu leuchten, ich spüre das. Sie tun, als wollten sie sich von der Basis lösen und ins All sausen.
Ein paar Leute machen sich Notizen. Judith kritzelt wie verrückt. Ich wünsche mir eine Laserkanone, damit würde ich ihr den Stift wegschießen. Was soll das über-

haupt, meine Beschreibung ist doch richtig und die Rechtschreibfehler kann man schließlich nicht hören! Jedes Wort, das Brettl vorliest, stimmt:

»… Von außen sieht man ja ganz wenig, nur ein paar Schlitze und Lüftungslöcher und Knöpfe und Kontrollleuchten. Aber innen drin ist was los! Da ist das Diskettenlaufwerk für 120-Megabyte-Disketten. Und das CD-ROM-Laufwerk. Darunter ist der CD-Brenner. Darunter ist eine Lochplatte und die ist Marke Eigenbau, das weiß ich, weil ich dabei war und den Bohrer für die Löcher ausgesucht habe.

Die zwei Festplatten hinter der Lochplatte dürfen sich nicht erhitzen. Sie bringen zusammen sechs Gigabyte! Darunter ist gar nichts mehr. Aber das sieht nur so aus. Weil nämlich hinter dem Blech was ganz besonders Wichtiges ist: das Mainboard und die Steckkarten.

Jetzt müsste ich noch den Monitor beschreiben und die Tastatur und die Maus und den Joystick und den Drucker und die Lautsprecher, weil das alles zu dem Ding gehört, aber ich habe keine Zeit mehr.«

Brettl ist fertig. Er wartet.

Meine Ohren sind anscheinend noch mit der Basis verbunden, denn sie melden mir ein Geflüster und Gewisper: »Von wem is 'n der? Is das deiner?« Und so weiter. Deswegen, weil Brettl bisher keinen Namen gesagt hat. Judith hebt den Finger.

Brettl übersieht ihn. »Zuerst mal des Rätsels Lösung?« Ein Riesengeschrei setzt ein. »Ein Compuuuuter!«

Brettl winkt ab. »Klar. Das war einfach, dank der kenntnisreichen Angaben von unserem – Jonas.«
Jetzt haben sie mich. Alle Köpfe drehen sich zu mir. Ich halte meine Ohren fest und bemühe mich nicht zu grinsen. Mein Bruder sagt, beim Wiederholen einer Klasse muss man aufpassen, dass man nicht zum Klassenclown wird. Also, besser nicht bei jeder Gelegenheit grinsen.
Das ist jetzt eine solche und es fällt mir höllisch schwer, keine Miene zu verziehen, weil mich eben alle begucken.
Brettl wäre ein Grinsegesicht vielleicht lieber. Denn er fragt besorgt: »Jonas, macht es dir etwas aus, wenn wir deine Arbeit besprechen?«
Ich schüttle den Kopf. Es macht mir schon was aus, aber, verdammt noch mal, die Beschreibung stimmt schließlich, da kann er besprechen, was er will!
Erleichtert fährt er fort: »Ich muss dir sagen, du hast mich überrascht! Siehst du noch mehr Dinge vor dir, die man gar nicht sehen kann?«
Ich schüttle sicherheitshalber wieder den Kopf. Es könnte sonst sein, dass ich ihm alles beschreiben muss, was ich genau vor mir sehe: eine Laserkanone, eine Weltraumbasis, zwanzig Außerirdische …
Brettl ist zufrieden. Jetzt will er wissen, ob der erstaunlich eingerichtete Computer etwa mir gehöre.
»Leider nein«, sage ich und füge säuerlich hinzu: »Meinem großen Bruder gehört er.«

»Ach so. Und er hat dir alles erklärt.« Damit scheint dieser Punkt für Brettl erledigt. Er fixiert mich noch eine Sekunde lang, dann gibt er sich einen Ruck. »Jetzt will ich Meinungen hören. Das Aussehen eines Gegenstandes sollte mit treffenden Worten beschrieben werden.«
Mindestens zwanzig Finger schnellen nach oben.
»Ja, bitte.« Brettl ruft einzelne Leute auf.
Es hagelt Antworten, die mich allerdings überraschen wie ein Schauer von Eiskörnern im Genick.
»Die Größe ist nicht beschrieben!«
»Die Farbe fehlt!«
»Das mit dem Bohrer gehört nicht her!«
So geht es noch eine ganze Weile weiter bis zur letzten Bemerkung: »Jonas hat das Innere beschrieben, das, was man gar nicht sehen kann!«
Ich bin platt. Was wollen die eigentlich? Hätte ich mich vielleicht mit dem leeren Blechgehäuse begnügen sollen? Kennt das nicht jeder? Kommt es darauf vielleicht an?
Ja, erklärt mir Brettl, darauf käme es bei einer Gegenstandsbeschreibung an, nur auf das, was man sehen könne. Er hätte ein wunderbares Lernprogramm mit lauter Übungen, die mir helfen würden, es nächstes Mal richtig zu machen. Aber nicht nur für mich wären die Übungen wertvoll, auch andere hätten Fehler gemacht, Ralf zum Beispiel, der die kürzeste Beschreibung aller Zeiten abgeliefert habe.

Danach teilt Brettl die Aufsätze aus und wir erfahren somit unsere Noten. Meine ist niederschmetternd. Vor allem wenn man bedenkt, dass keiner in der Klasse einen Computer besser kennt als ich.

Brettl bleibt neben meinem Tisch stehen und fängt an, auf mich einzureden. Durch eine Berichtigung könne ich mir eine gute mündliche Note holen, meint er und lächelt aufmunternd.

Ich beschreibe doch kein leeres Gehäuse, liegt mir auf der Zunge. Aber ich schlucke es runter. Ein leeres Gehäuse, denke ich noch, das kann meinetwegen Judith beschreiben! Oder ist eine Gitarre vielleicht was anderes als ein leeres Gehäuse? Leer und hohl wie sonst was!

Brettl beugt sich noch weiter zu mir runter.

»Willst du nicht mal in die Bücherei kommen, Jonas? Das Lernprogramm würde dir gefallen!«

Ich zucke die Achseln.

Jetzt wendet er sich endlich ab und lässt mich in Ruhe.

4 Ralf und ich sichten Judith bei den Grünlingen

Weil es in der Bücherei seit neuestem diese Computer gibt, gehen immer mehr Leute nachmittags dorthin um zu üben. Ich nicht. Mir reichen schon die Hausaufgaben. Danach treffe ich mich meistens mit Ralf. Wir machen viel zusammen, seit Marcel und sein Computer wieder weg sind. Ralf hat sich am ersten Schultag in der Fünften einfach neben mich gesetzt und ich war froh darüber, denn ich kannte keinen aus der Klasse. Ihn musste ich natürlich auch erst kennen lernen. Viele haben dann schon nach kurzer Zeit Plätze getauscht, wir nicht. Wir sind ganz zufrieden miteinander. Aber an den Nachmittagen haben wir uns erst getroffen, als Marcel mit seinem Computer ins Wintersemester abgedampft war. So wie jetzt wieder, nur ist es diesmal das Sommersemester.

Dort, wo Ralfs Vater arbeitet, ist eine riesige Lagerhalle. Sie steht mitten im Industrieviertel auf einem großen Firmengelände. Laster fahren ein und aus und laden Dämmplatten auf und ab; das Zeug ist aus Kunststoff und gelegentlich geht was davon zu Bruch. Das ist gut für Ralf und mich. Wir sammeln die Teile und bauen damit unsere Raumstation weiter. Die ist ganz hinten am Ende des Firmengeländes, vor einem hohen Drahtzaun, also genau am Rand unserer Galaxie. Wir haben die Station zweistöckig aufgebaut, unter Verwendung von Paletten und Dämmplatten, mit Gucklöchern rundrum. Sie sieht bizarr aus und hat überhaupt keine Ähnlichkeit mit einer menschlichen Behausung; es ist uns deshalb ein Rätsel, wie Ralfs Vater verbreiten kann, wir wären hier mit *Häuschen bauen* beschäftigt.

Auf der anderen Seite vom Drahtzaun beginnt eine neue Galaxie. Ralf und ich beobachten sie von unserer Station aus. Es gibt dort drüben übrigens scheußliche Monster. Sie sind schwarz, haben mindestens vier Beine und fletschen fürchterlich ihr Gebiss. Ähnlich wie Dobermänner. Wie aus dem Nichts kommen sie auf uns zugeschossen und versuchen uns anzugreifen. Sie haben noch nicht kapiert, dass der Drahtzaun in Wirklichkeit ein Energieschild ist, den sie gar nicht überwinden können.

Ralf und ich liegen im Moment auf dem Bauch vor dem oberen Guckloch und feuern aus allen Rohren – es waren mal Heizungsrohre –, bis aus dem Zentrum der fremden Galaxie ein scharfer Pfiff ertönt.

»Ha!«, schreit Ralf. »Sie geben auf!«

Zufrieden schauen wir zu, wie die Bestien sich zurückziehen. Sie gehorchen zweibeinigen Lebewesen. Die müssen eine der unseren vergleichbare Intelligenz haben, denn sie halten sich zu ihrem Schutz Vierbeiner. Weil die Zweibeiner immer in grünen Overalls stecken, nennen wir sie Grünlinge.

»He, sieh doch mal, Jonas«, sagt Ralf. Er liegt noch immer vor dem Guckloch, während ich in meine Koje gekrochen bin; im Obergeschoss unserer Station ist die Decke etwas niedrig geraten und der Raum überhaupt knapp. Ich robbe mühsam zum Fenster zurück. Mit der Schwerelosigkeit haben wir beide leider noch unsere Probleme.

Weit drüben in der feindlichen Galaxie geht ein ziemlich klein geratener Zweibeiner über den Hof und in eine Halle hinein. Die zwei schwarzen Monster springen in bester Laune hinterher. Die Erscheinung dauert nur kurz, aber Ralf und mir kommt sie bekannt vor.
Wir glotzen uns gegenseitig an.
»Würdest du auch sagen«, stößt Ralf hervor, »dass die Grünlinge Judith gekidnappt und in ihre Galaxie entführt haben?«
Ganz klar, das Wesen da drüben sah genau wie Brettls Vorzugsschülerin aus. Aber gekidnappt wirkte sie eigentlich nicht.
»Nein«, widerspreche ich, »das ist ganz anders! Judith ist eine Agentin der Grünlinge! Die kommt heimlich rüber zu uns und spioniert unser Schulsystem aus!«
»Gut, dass wir das wissen«, sagt Ralf und richtet ein Rohr auf die Hallentür. »Wir müssen sie überwachen und enttarnen!«
»Wenn der Brettl auch nur ahnen würde, dass er einer Spionin all die guten Noten gibt!«, fauche ich. Der letzte Aufsatz erbittert mich noch immer; für die Be-

schreibung eines leeren Gehäuses hat diese Agentin der Grünlinge die beste Note kassiert!
Ich erkläre Ralf, dass sie wahrscheinlich sogar unser ganzes Schulsystem *untergraben* will, das ist meiner Meinung nach ihr Geheimauftrag: beste Noten für leeres Geschwätz und niederschmetternde für echte Leistung.
»Das dürfen wir nicht zulassen, irgendwie müssen wir es verhindern«, meint Ralf entschlossen.
Am nächsten Tag beobachten wir Judith in der Schule möglichst unauffällig.
»Es ist nicht zu fassen«, sage ich zu Ralf, »sie benimmt sich genau wie ein menschliches Wesen!«
»Da haben die Grünlinge ein Prachtexemplar zum Spionieren ausgewählt«, nickt Ralf, »eine echte Begabung! Oder hättest du jemals Verdacht geschöpft, wenn wir sie nicht zufällig in der fremden Galaxie gesichtet hätten?«
»Im Leben nicht«, bestätige ich. »Aber vielleicht hat sie auch ihr Gutes.«
Ralf guckt mich entgeistert an.
»Na ja«, erkläre ich, »weißt du, das mit dem Schulsystem. Wenn sie es untergräbt, kann's uns doch eigentlich nur recht sein!«
»Kommt drauf an, was sie draus macht!«, meint Ralf skeptisch.
Aber ich finde, schlimmer kann's ja eigentlich gar nicht werden.

5 Für Ralf baue ich absichtlich Mist

Ralf will unsere Raumbasis heute unbemannt lassen. Ich ahne, was ihm im Kopf rumspukt: die Bücherei. Er hat mit Leuten geredet, die dort waren.
»Wir könnten es uns ja mal anschauen«, schlägt er vor.
»Keine Lust«, brumme ich. »Wörter lernen! Wenn du erst mal drin bist, hat dich der Brettl.«
»Man darf aber an den Computern rummachen«, sagt Ralf hartnäckig.
»Das kannst du bei mir zu Hause auch. Wenn du solchen Bock auf eine Krücke hast«, gifte ich.
»Du lässt mich voll ran?«, will er wissen.
»Ja, sicher, hab ich dich nicht immer rangelassen?«, sage ich empört. Im Winter war Ralf schließlich oft genug bei mir. Wir haben ohne Ende Pacman und Tetris gespielt.
Jetzt überlege ich mir, womit ich ihm ein für alle Mal die Lust auf Lernprogramme abgewöhnen kann.
Am Nachmittag lade ich für ihn den englischen Vokabeltrainer für Anfänger, den ich von Marcel geerbt habe. Tödlich langweilige Abfragerei.
Mama kommt einmal rein und guckt eine Weile über unsere Schultern auf das eintönige Schwarz-Weiß meines übel flimmernden Monitors.
»Toll!«, freut sie sich. »Funktioniert wirklich prima!«

O Mom, denke ich.

»Da würde ich am liebsten auch wieder Englisch lernen, das macht ja richtig Spaß!«

Mom, krieg dich wieder ein, stöhne ich innerlich und lächle dabei höflich, wegen Ralf.

Sie findet für ihre Rede einen krönenden Abschluss: »Jonas, ich weiß gar nicht, was du hast, dein Computer geht doch sehr gut!«

Das ist zu viel. Ich jaule gequält auf.

»Ralf hat gar keinen zu Hause, stimmt's?«, sagt sie überaus taktvoll. Woraufhin Ralf betreten die Maus von allen Seiten befingert.

»Ich weiß, warum man das Ding da Maus nennt«, lässt sich Mama fröhlich vernehmen. »Weil es wie eine aussieht!«

Ach nee, wirklich! Mach einen Abgang, Mom, flehen meine Augen. Lass uns einfach allein!

Sie lacht. »Das war ein *Spaß*, Jonas, hörst du? Guck doch nicht so böse. Außerdem geh ich ja schon.«

Mit der Hand an der Tür sagt sie noch: »Jedenfalls freue ich mich, dass ihr so fleißig seid. Wenn *wir* solche Hilfsmittel gehabt hätten …«

Ich schicke ihr einen unwirschen Blick hinterher. Danach warte ich geduldig, bis Ralf vom Vokabeltrainer genug hat.

»So sind Lernprogramme«, sage ich mit einem zufriedenen Grinsen, als er endlich gähnt und sonstwo hinschaut, nur nicht mehr auf den Bildschirm.

»Okay«, gibt er zu. »Spielen wir Pacman?«
Pacman ist besser als gar nichts. Miserable Grafik, aber was soll's.
Ralfs Pacman läuft verflixt geschickt durchs Labyrinth, frisst die Pixel und weicht den Gespenstern aus. Ich muss mich richtig anstrengen um ihn noch zu schlagen.
Die sechste Runde verliere ich.
»Mann«, sage ich ungläubig, »das gibt's doch nicht!«
Ralf lacht gemein und verlangt jetzt zur Abwechslung Tetris.
Gut, denke ich grimmig, sollst du haben! Ich stelle die Mehr-Spieler-Version ein und teile damit den Bildschirm. Ralf muss auf der Buchstabengruppe arbeiten, ich kriege die Cursortasten, vorbei ist es mit meiner Nachgiebigkeit. Schließlich weiß ich, dass der Mistkerl das Spiel bis zum Abwinken auf seinem Game Boy geübt hat.
Ralf strengt sich wahnsinnig an. Sein Gesicht zuckt schlimmer als mein Monitor. Er verheddert sich auf den Tasten. Nach der neunten verlorenen Runde hört das Zucken gar nicht mehr auf. Ich merke mit Schrecken, dass Ralf heult.
Au wei, was mach ich nur? Bloß nicht mehr hinschauen! So tun, als wenn nichts wäre.
Ich recke den Kopf noch näher zum Bildschirm und gebe mich total fasziniert. Außerdem baue ich absichtlich Mist und fluche heftig vor mich hin, diese Runde werde ich garantiert verlieren.

An irgendwas erinnert mich das, wie ich so vorgebeugt sitze und fluche und verliere, irgendwo hab ich das schon mal gesehen.

Richtig. An meinem Bruder. Verdammt, genau so benimmt er sich, wenn *ich* immer kurz vorm Heulen bin. Als mir das klar wird, fallen meine Finger in Zeitlupe und ich verliere ganz von selbst.

Während Ralf vor Begeisterung hechelt, starre ich vor mich hin und frage mich, ob ich wirklich noch nie gespannt habe, dass mein Bruder mich von Zeit zu Zeit absichtlich gewinnen lässt. So ein Schmutzfuß! Das kann ich ja überhaupt nicht leiden!

Wütend sage ich zu Ralf: »Jetzt nimmst du die Cursortasten! Gleiche Chancen für alle!«

Ein wenig später bereue ich meine Entscheidung bitter: Das Stinktier zieht mich gnadenlos ab. Na, jedenfalls wird er mich nicht heulen sehen, das nicht auch noch!

6 Brettl wirft mich vielleicht weg wie eine faule Kartoffel

»Jonas«, schnarrt mich Brettl an, »warum lieferst du keine Berichtigung ab? Bist du denn nicht an einer guten Note interessiert? Kannst du dir diese gleichgültige Haltung leisten?« Er steht vor mir. Die anderen hat er schon in die Pause geschickt, wir sind allein. Zuerst runzelt er mächtig die Stirn, dann glättet er sie wieder und probiert ein mildes Lächeln. Wahrscheinlich will er mich doch lieber nicht zu Tode erschrecken. Weil niemand weiter zuhört, mache ich den Mund auf und sage: »Meine Beschreibung hat aber total gestimmt!«

Er stöhnt. »Mensch, Jonas! Du bist vielleicht stur! Könntest du in deinem Dickschädel bitte mal das richtige Programm laden? Deutsch ist dein schwächstes Fach und da musst du ansetzen! Wenn ich nur dich hätte – aber ich hab ja eine ganze Klasse!« Er lässt sich auf einen Stuhl fallen.

Daraufhin suche ich mir auch einen Sitzplatz; wenn das hier noch länger dauern soll, will ich ja nicht gerade die ganze Zeit blöd dastehen.

»Nix da«, fährt Brettl auf, »das wird keine Konferenz! Du hörst jetzt mein letztes Angebot: Wenn du ab heute Nachmittag zum Üben kommen willst, reserviere ich dir einen von unseren wenigen Computern, denn du hast es am nötigsten von allen. Wenn nicht, kannst du selber sehen, wo du bleibst. Das war's. Ab in die Pause!«

Ich bin schneller draußen, als ich gedacht habe. Ralf wartet auf mich an der Fahrradhalle. Ich schlendere auf ihn zu und weiß, dass ich in der Klemme stecke. Brettl ist mindestens so stur wie ich. Wenn der mich fallen lässt, bin ich verratzt. Noch einmal wiederholen geht nicht. Brettl ist anders als alle Lehrer, die ich bis jetzt kennen gelernt habe. Und anders als alle Lehrerinnen. Ich glaube, der nimmt mich wirklich ernst. Der würde meine Entscheidung glatt hinnehmen und mich wegwerfen wie eine faule Kartoffel. Also lässt er mir in Wirklichkeit gar keine Wahl!

Als ich das begriffen habe, bin ich bei Ralf angelangt.
»War's übel?«, meint er teilnahmsvoll.
Ich grinse. »Nee, du«, sage ich. »Der Brettl ist vielleicht einer! Stell dir vor, der reserviert für uns beide einen Computer! Wie findest du das?«
»Mensch!« Ralf ist begeistert. »Wie hast du das gemacht? Die anderen müssen sich immer in eine Liste eintragen, weil es nur drei Computer gibt!«
»Tja«, sage ich. »Ich hab ihm eben keine Wahl gelassen. Der hat genau gewusst, dass wir sonst nicht kommen. Heute Nachmittag geht's los.«
Vor der Englischstunde marschiere ich nach vorn zu Brettl.
Er nimmt meine Zusage zur Kenntnis. Er hört sie sich an, nickt und bewegt leicht die Hand: Setz dich, heißt das, ich will mit dem Unterricht beginnen. Als wäre ihm meine Entscheidung völlig egal.
»Ralf kommt auch mit«, flüstere ich noch. Dann begebe ich mich zu meinem Platz.
Zum Glück bin ich in Englisch besser als in Deutsch, Brettl soll mich jetzt mal von einer anderen Seite ken-

nen lernen! Ich melde mich heftig auf jede Frage und achte mal nicht auf die erstaunten Blicke, die mich von allen Seiten treffen.
Brettl aber lässt meine Mitarbeit kalt. So als wenn das nichts Besonderes wäre. Der Stinker! Was muss ich eigentlich noch tun, bis der glaubt, dass ich mir diesmal echt was vorgenommen habe?

7 In der Bücherei erwartet mich eine Überraschung

Die Bücherei ist voller Bücher. Als ich zum ersten Mal in die Fünfte kam, hat man uns eine Führung verpasst, damals hab ich das schon gesehen. Die zweite Führung, am Anfang meiner Wiederholungsklasse, hab ich geschwänzt. Ich kannte die Bücherei ja bereits. Ich gucke jetzt, genau wie Ralf, die Regalreihen entlang. Alles unverändert. Ein paar eifrige Leute unseres Alters suchen sich Lesefutter aus. Rechts geht es durch eine Tür in einen Nebenraum, der bei meinem ersten Besuch voller leerer Kartons und sonstigem Schrott war. Aber dort erlebe ich heute eine mittlere Überraschung.
Dass es in der Bücherei neuerdings irgendwelche Computer gibt, wusste ich ja. Nur hab ich nicht mit-

gekriegt, dass Brettl einen eigenen Raum damit eingerichtet hat, nämlich diesen ehemaligen Schrottplatz hier. Alle Kartons sind daraus verschwunden. Stattdessen gibt es drei Tische. Darauf stehen die Monitoren und darunter die Computer. Ich sehe hauptsächlich eine Menge Verbindungskabel, denn von der Tür aus blickt man auf die Rückseiten der Geräte.

Mir schraubt's die Augen raus: diese Kabelmenge und diese Rückseiten! Da stimmt doch was nicht, die Geräte stammen ja gar nicht aus dem Informatikraum, das sind keine Antiquitäten! Solche gibt's nicht mal in Marcels Abteilung an der Uni, dort müssen sie sich mit veralteten Sachen begnügen!

Erregt drehe ich mich zu Ralf um. Aber der hat es noch nicht geschnallt, der will nur einfach ran.

Alle drei Computer sind besetzt. Von verbissen arbeitenden Leuten mit Kopfhörern, deren Augen im Dreieck wandern: Bildschirm, Maus, Tastatur. Die Agentin der Grünlinge namens Judith ist natürlich auch dabei. Tastaturen klappern, Mäuse klicken. Sonst ist es still bis auf das leise Rauschen der Geräte. Die Lautsprecher schweigen. Lautsprecher gibt es auch! Also auch Soundkarten, also auch ...

Es haut mich um.

»Ralf«, stöhne ich, »das sind *Computer* und keine Krücken!«

Ein tiefes »Ruhe, bitte« lässt mich herumfahren. Aus der linken Ecke blickt mich Brettl an. Ich sehe nur sein

Gesicht, der Mann ist völlig eingebaut. Zwei Tische machen die Ecke zu; wenn er hinein will, muss er drübersteigen. Was ihm schwer fallen dürfte wegen des riesigen Monitors, der Lautsprecher, des Druckers, der Tastatur und des Papierkrams. Hat er sich in die Ecke hineingebeamt?

Brettl winkt uns heran. Er macht noch irgendwas, dessen Wirkung ich leider nicht sehen kann, denn der Monitor zeigt mir ja nur die imponierende Kehrseite.

»Ralf«, sagt er dann, »schön, dass du mitkommst. Du und Jonas, ihr versteht euch wohl gut genug um heute mal zusammen an einem Rechner arbeiten zu können.«

Jetzt wendet er sich an mich. »Judith stand für heute schon in der Liste, Jonas, aber sie tritt euch freiwillig den Platz ab. Sie erklärt dir das Deutschprogramm.«

Damit bin ich entlassen, ohne ein Wimpernzucken, ohne die geringste Anerkennung für mein Kommen. Ich hätte gute Lust wieder abzuhauen. Aber den Gefallen tu ich ihm nicht! Außerdem bin ich jetzt richtig neugierig auf die Geräte. Es ist mir sogar egal, dass die Agentin der Grünlinge da sitzt und mich auch noch einweisen soll.

8 Judith nervt, aber das ist der Preis, den ich bezahlen muss

Ralf ist vor mir bei Judith. Sie lächelt wie ein Mensch und sagt – ganz brave Schülerin –, dass sie noch eben eine Übung abschließen möchte.
Soll sie, soll sie. Ich hab's nicht eilig, ich bin erst mal mit Staunen beschäftigt. Flüsternd mache ich Ralf auf dies und das aufmerksam, ich gehe zwischen den Stühlen in die Hocke und zeige auf die Computer.
»Siehst du?«, wispere ich aufgeregt. »Jeder hat ein CD-ROM-Laufwerk! Ich wette, die haben auch einen gigantischen Speicher!«
Noch was fällt mir auf. »Ralf, schau mal, die sind ja vernetzt!« Das kenne ich nämlich, weil mein Bruder manchmal ein paar Freunde einlädt, die kommen dann mit ihren Computern an und schließen alle Geräte zusammen. Es erschüttert mich so, dass ich glatt zu flüstern vergesse.
Aus der entfernten Ecke kommt wieder eine Rüge von Brettl. Ich halte den Mund. Denn jetzt hab ich entdeckt, dass auch Brettls Computer mit angeschlossen ist. Wozu soll das denn gut sein? Überwacht Brettl die Lernprogramme?
Ralf stößt mich an und flüstert hinter vorgehaltener Hand: »Hast du schon die Farbmonitoren gesehen?«
Ich nicke. Sicher sind das Farbmonitoren, was denn

sonst. Ich achte auf was ganz anderes, nämlich auf das *Tempo*, das diese Computer vorlegen.
»Die sind«, hauche ich, »so schnell wie der Megarechner von meinem Bruder, es *sind* Megarechner!«
Ralf wispert zurück: »He, Jonas, und wenn die Agentin der Grünlinge gerade alles mit Viren verseucht?«
»Ach, Quatsch«, sage ich ungeduldig. Obwohl eigentlich ich es war, der die Agentin der Grünlinge erfunden hat, kommt mir unser Spiel auf einmal blöd vor. Ralf soll nicht so kindisch sein. Angesichts dieser Computer! Ich kann es kaum erwarten, dass Judith den Platz räumt. Ihr Lernprogramm auf CD-ROM hat übrigens nicht die geringste Ähnlichkeit mit meinem primitiven alten Vokabeltrainer. Ein Alien mit Kugelaugen führt durch die Übung und weil Judith natürlich überhaupt keinen Fehler macht, hüpft nach jeder Antwort eine hasenohrige Witzfigur über den Bildschirm und lacht sich vor Freude kringelig.
Wenn ich in Judiths Gesicht gucke, kann ich dort genau das Grinsen der Witzfigur wiederfinden. So doof könnte eine richtige Agentin gar nicht dreinschauen.
»Pass bloß auf«, flüstere ich ihr zu, »bald wachsen dir auch noch solche Ohren!« Ich strecke beide Hände nach oben und wedle mit den Fingern.
Judith nimmt den Kopfhörer ab und gibt ihn mir.
»Danke«, sage ich überrumpelt.
Gut, dass sie mich falsch verstanden hat! Sonst hätte sie möglicherweise zu zetern angefangen. Und das im

unpassendsten Moment. Wo ich doch gerade jetzt Brettl nicht verärgern darf, weil ich schließlich zu Hause nur einen müden Fossilienrechner habe. Schnell stülpe ich mir den Kopfhörer über und rutsche auf Judiths warmen Sitz.

Ralf zuckt die Achseln und holt sich von irgendwo einen Stuhl, den er neben mich rückt.

Judith legt eine andere Scheibe ein und nach einem kurzen Vorspann taucht dasselbe glotzäugige Alien auf. Es begrüßt mich ziemlich überschwänglich, obwohl es mich doch noch nie gesehen hat, und blinkert mit den Augendeckeln. Ich ziehe Ralfs Kopf heran und lüfte einen Ohrhörer, so kommt er auch in den Genuss des kleinen Quakers.

Der will, dass ich mich vorstelle.

»Du darfst dir jetzt eine Identität geben«, flüstert Judith hilfreich. »Such dir ein Gesicht aus und einen Namen!«

Ich schiebe ihren Arm weg, der auf den Bildschirm zeigt. »Ich kann das selber«, flüstere ich zurück.

Judith quetscht sich daraufhin einfach neben Ralf auf seinen Stuhl und beobachtet mich.

Na, die soll mal gleich sehen, wie überflüssig sie ist! Ich klicke mächtig rum und beschleunige das redselige Alien mit der Escape-Taste. Das quasselt ja morgen noch, wenn ich nichts dagegen unternehme!

Judith ist beunruhigt. »Was hast du jetzt gemacht? So geht das nicht!«

»Doch geht das so«, murmle ich und klicke mich kurz in den Hilfetext hinein. O Schreck, der ist ja länger als ein Kapitel im Deutschbuch, weg damit!
Judith greift nach meiner Hand. »Nicht! Der Hilfetext erklärt dir alles«, flüstert sie.
»Ich weiß, was ein Hilfetext ist«, knurre ich.
Ralf macht sich klein zwischen uns beiden. Anstatt dass er sich zu doppelter Größe aufplustert und sie vom Stuhl fegt!
An den anderen beiden Computern ist jetzt Schichtwechsel. Heike und Jasmin räumen die Plätze für Katrin und Daniel. Sie könnten Judith eigentlich mitnehmen, wenn sie gehen. Ich sende ihnen flehende Blicke. Aber sie kapieren nichts.
Daraufhin beschließe ich, Judith wie Luft zu behandeln, und konzentriere mich auf irgendeine Übung. Wenn ich schnell genug bin, kommt sie vielleicht nicht mehr mit. Die Schlüsselwörter soll ich aus einem Text fischen. Was, bitte, sind Schlüsselwörter? Egal. Ich klicke. Mein Tempo ist beachtlich.
Judith hebt die Hand und öffnet den Mund. Sie schüttelt den Kopf so schnell wie ich klicke.
»Stimmt alles«, zische ich wütend.
Aber leider macht mir die Witzfigur einen Strich durch die Rechnung. Anstatt sich totzulachen, bricht sie zusammen und plärrt Rotz und Wasser. Dazu erzählt mir das Alien mit geheuchelter Traurigkeit, dass ich Mist gebaut habe und noch eine Menge Übung brauche.

Ralf grinst fragend und Judith kriegt den strengen Blick. Den muss sie Brettl abgeguckt haben. Und so was habe ich zur Agentin erklärt!
»Mach mal die Fliege«, pfeife ich sie an. »Wegen dir kann ich mich nicht konzentrieren!«
»Aber ich soll dir doch helfen«, flüstert Judith empört.
»Mir muss am Computer keiner helfen!«
»Anscheinend doch.« Das ist Brettl. Er ist offenbar aus seinem Verschlag gekrochen und hat sich von hinten angeschlichen.
Ich haue auf Escape, aber er hat mein schlappes Ergebnis bestimmt schon gesehen. Er überlegt. Danach schickt er Ralf zu Katrin hinüber, zum Zugucken vorerst.
»Zwei auf einem Stuhl, das geht nicht«, erklärt er.
Judith soll bei mir bleiben. Wenn ich dem Programm folge, nichts beschleunige und nichts auslasse, wenn ich mir halbwegs Mühe gebe, braucht sie nicht einzugreifen.
Mehr sagt Brettl nicht. Den Rest kann ich mir sowieso denken. Wahrscheinlich ist dies wieder mal ein letztes Angebot. Wenn ich nicht spure, fliege ich raus. Brettl kennt da nichts, das sehe ich an seinem starren Kreuz, als er jetzt zurückgeht. Er nimmt einen Heftstapel hoch, stützt sich mit einer Hand ab und schwingt sich über den Tisch. So kommt er also in seine Ecke hinein! Ich knirsche heimlich mit den Zähnen. Diese Judith neben mir macht mich wahnsinnig. Aber sie ist an-

scheinend der Preis, den ich bezahlen muss, um an einem Megarechner sitzen zu dürfen. An einem Megarechner, von dem ich noch sehr wenig weiß, außer dass er einer ist. Alles Weitere werde ich noch herausfinden. Aber zuerst muss ich jetzt folgsam kuschen, damit diese Preiskuh neben mir zufrieden ist.
Schön brav fange ich bei der ersten Übung an und registriere, wie Judith sich langsam entspannt. Gut so.
Von vier Aufgaben sind trotzdem drei falsch und die Witzfigur vergießt bittere Tränen.
»Ich mach's noch mal«, murmle ich.
Judith nickt begeistert. Sie ahnt offenbar nichts von meinem Kurzzeitgedächtnis. Ich lerne einfach blitzschnell die Lösungen auswendig. Die Quakstimme des Alien geht mir gleich weniger auf die Nerven, als sie mich lobt.
Ich bin gerade so richtig mitten drin, als Brettl sich aus seiner Ecke meldet. Er meint, jetzt wäre Ralf mal dran. Ungern räume ich meinen Stuhl; ich hatte noch keine Gelegenheit, das Programm zu verlassen und mich auf dem Rechner ein wenig umzusehen.
»Kann ich gleich für morgen buchen?«, frage ich.
»Sicher«, sagt Brettl.
Ralf rennt auch mit zur Liste. Er trägt sich neben mir für den zweiten Computer ein. Der dritte ist ebenfalls noch frei, wie ich sehe. Anscheinend haben die Leute am Freitagnachmittag sehr wenig Lust in der Schule zu sitzen.

Judith entdeckt es natürlich auch. Schon schreibt sie ihren Namen rein.

Da kann man wohl nichts machen. Immerhin ist sie dann wenigstens beschäftigt und linst mir nicht ununterbrochen auf die Finger, diese verhinderte Lehrerin.

9 Ich mache Brettl klar, dass ich ein Musterschüler bin

Praktisch über Nacht hat sich also alles geändert. Ich, Jonas, habe freien Zugang zu einem Megarechner. Und den werde ich nützen, das ist mal klar!

Ich habe was vor: In meiner Softwaresammlung befinden sich ein paar brauchbare Spiele von Marcel und die will ich in die Bücherei schmuggeln.

Als Erstes muss ich aber Brettl Sand in die Augen streuen. Muss ihm weismachen, dass ich auf Lernprogramme richtig abfahre. Nur so kann ich erreichen, dass er keinen Verdacht schöpft und mich nicht kontrolliert. Ich habe ihn genau beobachtet, als Ralf am Computer saß: Brettl hat sich garantiert von seinem Platz aus nicht zugeschaltet, vielleicht geht das doch nicht. Zumindest hätte ich es merken müssen, denn Ralfs Rechner wäre total langsam geworden. Nein, Brettl tut in seiner Ecke ganz was anderes. Keine Ahnung, was. Ist vorerst auch egal. Solange er da sitzen bleibt und sich nicht um mich kümmert.

Und damit er mich in Ruhe lässt, muss ich ihm eben klar machen, dass ich neuerdings ein Musterschüler geworden bin. Deshalb frage ich am Vormittag in der Deutschstunde, was genau *Schlüsselwörter* sind.

Brettl sagt überrascht: »Oh, Jonas, darauf kann ich jetzt leider nicht eingehen, wir müssen im Stoff weiterkommen. Aber schau doch in den Hilfetext hinein!«

»Gut«, sage ich, »dann les ich den eben noch mal.« Mir fällt vor eifrigem Nicken fast der Kopf vom Hals.

Die anderen staunen mich an. Ich vermeide es zu grinsen. Zufällig sehe ich, wie Judith mir aufmunternd zublinzelt. Du meine Güte, es scheint, dass ich mich auch bei ihr beliebt mache!

Sogar Ralf fällt auf meine Show herein. »Was ist denn in dich gefahren?«, murmelt er.

»Halt die Klappe«, gebe ich zurück.

Brettl hat es gehört. Wohlwollend ruhen seine Augen auf mir. Daran bin ich wirklich nicht gewöhnt. Sollte ich ihn etwa bereits überzeugt haben? *Wohlwollend* ist noch zu schwach: Geradezu *gütig* blickt er mich an! Meine Ohren glühen. O Mann, ich bin doch ein echtes Stinktier!

Um zu retten, was zu retten ist, reiße ich mir in der Deutschstunde und später in der Englischstunde fast den Arm aus. Mir ist egal, was die anderen denken, ich muss mir das verdammte Wohlwollen verdienen.

Zu Ralf sage ich: »Das ist nur eine Show für den Brettl, damit er uns am Computer nicht auf die Finger schaut!« Was natürlich stimmt, aber es ist nur die halbe Wahrheit. Ein bisschen hab ich eben auch ein schlechtes Gewissen Brettl gegenüber.
Ralf kapiert genau die Hälfte. »Du schmuggelst Spiele ein?«
»Sicher«, bestätige ich.
»Das geht nicht«, warnt er mich, »Judith verpetzt dich.«
Mist, wie konnte ich das nur vergessen? Judith gibt es ja auch noch, die sitzt am dritten Computer und sieht alles, was wir tun! Ich überlege. Können wir sie vielleicht irgendwie auf unsere Seite ziehen? Ob ich einfach mal was Nettes zu ihr sage?

10 Ich tausche Briefchen mit Judith

In der Pause bespreche ich die Sache mit Ralf. Wir lungern in der Nähe der Mädchen rum. Aber die Gackerhühner nehmen keine Notiz von uns. Sie haben's furchtbar wichtig und stecken die Köpfe zusammen, als wäre tatsächlich in ihrer Mitte ein Futtertrog. Unmöglich an Judith ranzukommen.

Ralf zuckt die Achseln. Ich merke schon, wenn es nach ihm ginge, hätte Judith überhaupt nichts zu petzen, denn er würde sich doch glatt mit den Lernprogrammen begnügen!
Ich aber nicht.
Meine Chance kommt in der Biostunde. Wir nehmen zwar die Atmung der Fische durch, aber Hunde sind auch Tiere. So werfe ich halblaut ein, dass Fische mich kalt ließen, während ich von Hunden einfach begeistert wäre, ganz besonders von Dobermännern. Dobermänner, die wären von allen Hunderassen …
»Jonas, ich muss doch sehr bitten!«, beschwert sich die Biolehrerin.
Ich halte den Mund. Es hat sowieso schon genügt. Denn Judith dreht den Kopf und strahlt mich voll an.
Na, wer sagt's denn. Richtig getippt! Womöglich war sie kürzlich nicht nur mit den bösartigen schwarzen Monsterviechern zusammen, sondern sie gehören ihr auch noch – nur Besitzer können solche Bestien lieben! Damit dürfte ihr Vater der Firmenchef sein.
Natürlich muss ich mal wieder meine Ohren festhalten, sie werden glühend heiß.
Ralf murmelt: »Du tickst doch verkehrt!«
»Alles Taktik«, kläre ich ihn auf.
Und wie genial die war, merke ich, als ein Briefchen von Judith kommt. Von Judith! Garantiert hat die sich noch nie zuvor zu so was hinreißen lassen, brav wie sie ist.

Jonas, hast du auch einen Dobermann? steht drin.
Nein, leider nicht, schreibe ich zurück. *Aber zwei von der Sorte begrüßen mich immer, wenn ich im Intustrieviertel bin. Ich wette, du kennst sie.*
»Begrüßen! Die Bestien!«, hohnlacht Ralf leise. Dann zeigt er mir, wie man *Industrieviertel* schreibt. Er ist eben ein Kumpel und verhindert deshalb, dass ich mich vor einem Mädchen blamiere.
Schnell nehme ich einen neuen Zettel. »Stimmt's jetzt?«, vergewissere ich mich.
Ralf nickt und ab geht die Post. Sie landet – weil ein paar Leute sich wirklich dämlich anstellen – leider neben Judiths Fuß auf dem Mittelgang, gut sichtbar für unsere Biolehrerin.
Die ist heute nur an der Atmung der Fische interessiert. Sie befiehlt Judith, das Ding aufzuheben und ungelesen im Papierkorb zu versenken.
Judith gehorcht. Als sie zu ihrem Platz zurückgeht, schaut sie nur den Fußboden an.
Jetzt weiß ich nicht, ob unser Austausch mir nicht eher geschadet als genützt hat. Ein guter Taktiker sollte sich eben nie auf die Mitarbeit von Stümpern verlassen.
Während ich mich noch darüber ärgere, bereiten die Stümper eine Gemeinheit vor. Als hätte es nicht genügt, dass sie in der Biostunde mein Briefchen fallen ließen, schicken sie in der letzten Stunde, in Mathe, unter Gekicher selber eines auf die Reise.

Was drin steht, kriegen wir alle vom Mathelehrer vorgelesen, der es abfängt: »*J und J sind verliebt.* – Jot und Jot?«, fragt er ahnungslos.

Das Kichern wächst sich zum Gekreische aus. Nur Judith beteiligt sich nicht daran, wie ich von hinten gut sehen kann. Ich übrigens auch nicht.

Ich bin stinksauer.

»Ihr Kindsköpfe«, sagt der Mathelehrer nachsichtig. Er lässt das Zettelchen in den Papierkorb fallen, wo schon eines liegt, nämlich meines.

Ich bin drauf und dran noch eins zu schreiben, um den Irrtum aufzuklären, aber das könnte ja wieder schief gehen, bei so vielen Idioten in der Klasse. So knirsche ich nur: »Wir haben uns über Dobermänner unterhalten, ihr Blödmänner!«

Judith zeigt mir nicht, ob sie es gehört hat. Aber der Mathelehrer pfeift mich an: »Jonas, ich will hier keine Schimpfwörter!«

So was Ungerechtes! Soll er doch die anderen rüffeln, die Stümper und Trottel, die nicht mal ein Briefchen unauffällig weitergeben können und die dann auch noch die falschen Schlüsse daraus ziehen und saublöde Sachen erfinden!

Ralf schaut mich mitleidig von der Seite an. Er denkt wahrscheinlich, dass ich mir das alles hätte ersparen können. Wenn ich mit schönen, bunten Lernprogrammen zufrieden wäre.

Bin ich aber nicht! Jetzt erst recht nicht.

»Ob Judith da sitzt oder nicht«, sage ich finster zu ihm nach der Schule, »ich bring meine Diskette mit. In einem Schreibblock versteckt. Kannst du bei Brettl auch einen Block vorweisen, zur Tarnung?«
Ralf ist einverstanden. In Wirklichkeit ist er nämlich genauso gierig nach Spielen wie ich, er vergisst es nur manchmal.
»Und Judith testen wir«, knurre ich. »Die kann mal zeigen, ob sie halbwegs ein Kumpel oder nur eine dumme Petze ist!«

11 Vielleicht ist Judith doch ein Kumpel

»Wir wollen uns Schlüsselwörter und so Zeug notieren«, erzähle ich Brettl und wedle vorsichtig mit meinem Notizblock. Ich muss aufpassen, dass die Diskette nicht rausrutscht.
Brettl kriegt wieder diesen gütigen Blick, unter dem ich mich wie ein Wurm winde, wegen meinem schlechten Gewissen. Deshalb kritzle ich dann brav eine Viertelstunde lang den Schwachsinn aufs Papier, den mir das Alien vorsetzt.
Ralf dagegen macht seinen Block nicht mal auf. Ihn plagt sein Gewissen wohl nicht!

Judith behandelt mich wie Luft – wahrscheinlich wegen *Jot und Jot* –, aber sie beobachtet mich. Ich merke, wie sie total unsicher wird und zu zappeln anfängt. Auf einmal hält sie es nicht mehr aus. Sie schiebt den Kopfhörer vom Ohr und stupst mich hinter Ralfs Rücken an.
»Ich hab noch nie was aufgeschrieben«, flüstert sie mit kläglicher Miene.
»Mensch, Judith!« Ich drücke Ralf auf seine Tastatur nieder, damit er mir aus dem Weg ist. »Du hast das doch überhaupt nicht nötig, du kannst ja alles!«
Da strahlt sie wieder und schaut mich an, als käme aus ihrem Mund demnächst eine Liebeserklärung.
Ich kriege es mit der Angst zu tun. Vielleicht sollte ich besser nichts Nettes mehr zu ihr sagen …
Andererseits kann ich mir jetzt schon ein bisschen vorstellen, dass sie mich nicht verpetzt. Und genau das brauche ich nun mal.
Zehn weitere Minuten lang erdulde ich das Alien. Dabei beobachte ich Brettl unauffällig. Er hat zuerst Hefte korrigiert und das letzte schließlich mit einem tiefen Seufzer geschlossen. Danach hat er sich seinem Computer zugewandt. Und jetzt trägt er einen Kopfhörer und arbeitet auf den Tasten ohne jemals hinzuschauen. Sein Blick hängt am Monitor, sein Körper bewegt sich ruckartig, seine Augen glühen.
So kenne ich bisher nur Leute, die spielen, meinen Bruder und seine Freunde zum Beispiel, die ja manchmal

mitsamt ihren Computern bei uns auftauchen und eine ganze Nacht lang so angestrengt spielen, dass ihre Augen am Morgen rot und geschwollen sind.

Lehrer tun so was natürlich nicht. Aber dass sie sich beim Arbeiten reinhängen, als würde es Spaß machen, finde ich irgendwie abartig. Na, jeder wie er will. Ob Brettl gerade einen Test austüftelt? Bestimmt ist es so was. Vielleicht ein englisches Diktat. Sonst würde er sich doch nicht in der Ecke verschanzen und keinem einen Blick auf seinen Monitor gönnen!

Wenn ich auch nicht sehe, was er macht, so ist mir doch klar, dass er sich ganz und gar darauf konzentriert. Gut so.

Ich ziehe die Diskette aus meinem Notizblock. Auf ihr ist ein verbessertes Tetris, das auf meinem Steinzeitrechner zu Hause nicht läuft. Vorsichtig schiebe ich sie in den Schlitz.

Ralf schielt erwartungsvoll herüber.

Ich äuge an ihm vorbei zu Judith hin. Sie hat es gesehen und macht schmale Augen.

Warnend lege ich den Finger an den Mund und schenke ihr meinen genialen Da-ist-überhaupt-nichts-dabei-Blick, bis ich das Gefühl habe, dass sie schweigen wird. Dass sie zumindest nicht sofort losbrüllen wird.

Dann erst murkse ich das Alien ab und bedeute Ralf, sein Lernprogramm auch zu verlassen. Ich installiere das Spiel auf meinen Computer und übertrage die

Daten auch auf seinen. Mein Herz klopft lauter als unbedingt nötig.
Ich beäuge abwechselnd Brettl und Judith. Brettl hat die Welt vergessen, er ist ganz vertieft in das, was er macht. Von ihm droht keine Gefahr.
Und von Judith?
Donnerwetter, sie schaut doch glatt genauso verstohlen zu Brettl hin wie Ralf und ich! Wenn sie uns nämlich verpetzen wollte, bräuchte sie vielleicht nur auffällig zu gucken! Das Einzige was sie tut: Sie zieht eine Haarspange raus und steckt sie neu fest und in dem kurzen Augenblick dazwischen steht die Haarsträhne auf! Das beweist mir, dass sie genau wie ich störrische Haare hat. Witzig.
Ich bin jedenfalls echt zufrieden mit ihr. Sollte mich wohl irgendwie bedanken. »Willst du mitspielen?«, flüstere ich.
Judith erschrickt und schüttelt den Kopf.
»Wirklich nicht? Ich kann's auch bei dir draufmachen, kein Problem!«
»Nö«, lehnt sie ab, allerdings nicht zu heftig und mit einem warnenden Blick zu Brettl.
Gut, ich bin schon still. Aber ich muss vor mir selber zugeben, dass unter den störrischen Haaren auf dem Kopf dieser Musterschülerin so was wie Kumpelgeist steckt. Vielleicht taugt sie doch zur Agentin? In diesem Fall könnten wir sie brauchen, als Doppelagentin in unserer Raumbasis, oder nicht?

Ralf und ich tragen zur Tarnung die Ohrhörer und spielen Tetris gegeneinander. Unsere Chancen sind gleich und ich muss mich mächtig anstrengen, wenn ich gewinnen will. Bei alledem kriege ich noch mit, dass Judith ihre Arbeit vernachlässigt und sich fasziniert zu Ralf hinüberlehnt. Es sieht aus, als würde sie ihm helfen oder ihn kontrollieren. Was Brettl gefallen dürfte, sollte er mal herüber gucken.

12 Der Direktor erschreckt uns zu Tode

Uns allen Dreien – und vielleicht auch Brettl – entgeht, dass plötzlich noch jemand im Raum ist. Kein Geringerer als Herr Eberle, unser Direktor. Und zwar steht er bereits *hinter* uns, hinter mir und Ralf und Judith.
Ich weiß nicht, wer es zuerst merkt.
Judith sitzt mit einem Schlag kerzengerade vor ihrem Rechner. Ralfs Finger bleiben wie gelähmt auf der Tastatur liegen. Mir trocknet vor Schreck der Mund aus. Aber die Hände funktionieren noch, sie schließen das Programm.
»Macht nur weiter«, sagt Herr Eberle freundlich, »ich wollte nur mal gucken kommen, ehe ich heimgehe.«

Er neigt sich interessiert über Ralfs Schulter. »Was lernt man denn dabei, ist das ... Mathematik?«, fragt er.

»Das ist nur ein Vorspann«, sage ich geistesgegenwärtig an Ralfs Stelle, »danach geht es so weiter.« Ich entferne das Spiel auf seinem Bildschirm und lade die Lernsoftware. Komm schon, komm schon, beschwöre ich das Programm, sonst bist du doch auch nicht so langsam! Endlich taucht das dämliche Alien auf. Ich habe mich noch nie so gefreut es zu sehen.

Genauso Ralf. Sein Gesicht verklärt sich, seine Hand fährt zum Lautstärkeregler.

»Hören Sie mal, Herr Eberle.« Ralf reißt sich den Kopfhörer von der Rübe und streckt ihn nach oben. Das Alien quakt.

Der Direktor lächelt und wehrt ab. Er schaut fasziniert auf Ralfs Monitor. »Dein Computer arbeitet ja, ohne dass du was tust!«

Ralf schweigt. Was soll er auch zu einem sagen, der nicht mal kapiert, dass dieser Computer von nebenan gesteuert wird?

Ich linse zu Brettl rüber; kriegt der die ganze Sache mit?

Zu meiner Überraschung hat er ein Fiebergesicht. Eine Menge aufgeschlagener Hefte liegt plötzlich um ihn herum, in denen er mit dem Stift wütet. Hing er nicht eben noch am Bildschirm? Mir scheint außerdem, er tut, als hätte er die Anwesenheit des Direktors noch gar nicht bemerkt. Sehr seltsam.

Herr Eberle entdeckt jetzt, dass in Judiths Englischprogramm dasselbe Alien ist wie in Ralfs Deutschprogramm. Er lässt sich nun doch einen Kopfhörer geben und nickt begeistert wie einer, der soeben eine Messeneuheit zu testen kriegt. Das gibt mir Zeit, auch auf meinem Rechner endlich wieder das richtige Programm zu laden.
Ich bin eben fertig, als Brettl sich über seinen Tisch schwingt. Schwein gehabt! Mann, hoffentlich hört er mein Herz nicht klopfen!
Der Direktor wendet sich ihm zu. »Endlich habe ich mal Zeit gefunden mir Ihr Lernstudio anzuschauen, Herr Brettschneider. Ich muss sagen: Alle Achtung. Und wie die Schüler bereits diese Computer beherrschen! Unsereins muss sich da abmühen und quälen ... Und das Lernprogramm – mal von dem herumquakenden Männchen abgesehen – scheint sich ja wirklich zu eignen. Sinnvolle Aufgaben. Richtig lernzielorientiert.«
Mir schlackern die Ohren. Lehrergequatsche.
»Was soll denn das?!« Herr Eberle zeigt etwas befremdet auf Judiths Bildschirm, wo die Witzfigur sich wieder mal vor Lachen überschlägt, weil Judith alle Aufgaben richtig gelöst hat. »Ach so, positive Bestätigung«, nickt er und lächelt milde. Soll wohl so viel wie Lob bedeuten. Aber irgendwie scheint ihm das hasenohrige Blödmännchen doch nicht so ganz zu behagen, denn er schüttelt den Kopf.

»Ihr habt Glück mit eurem Klassenlehrer, Kinder«, spricht er uns danach an, »wisst ihr das eigentlich?«
Wir nicken und strahlen um die Wette.
Brettl hat inzwischen unsere Kopfhöreranschlüsse rausgezogen und auf Lautsprecher umgeschaltet, sodass man das Gequake und die Geräusche und die Musik hört. Ich sehe, er will Eindruck schinden.
Der Direktor hebt die Stimme: »Ihr sollt auch wissen, dass Herr Brettschneider das hier auf freiwilliger Basis macht, er müsste keineswegs jeden Nachmittag für euch da sein!«
Brettl meint bescheiden: »Es lohnt sich, Herr Eberle. Judith zum Beispiel ist inzwischen eine Einserschülerin.«
Judith senkt die Augen und wird feuerrot. Ich kann mir vorstellen, wie ihr vor Ralf und mir zumute ist. Hat Brettl eigentlich kein Feingefühl?
Aber der fährt gnadenlos fort: »Jonas kennen Sie ja, hm, hm … Fragen Sie ihn selbst, was plötzlich mit ihm los ist, mit ihm und seinem Freund Ralf!«
Herr Eberle blickt uns wohlwollend an.
Jetzt dürfen wir keinen Mist von uns geben. Ich tausche einen Blick mit Ralf und sage schnell: »Wir, ähh, wir sind ganz scharf auf die Lernprogramme. Ja.«
Ich könnte Judith jetzt nicht in die Augen schauen, aber das muss ich zum Glück ja nicht. Bei Brettl hätte ich auch gewisse Hemmungen. Aber den Direktor lüge ich eiskalt an. Von ihm weiß man, dass er einen Com-

puter nicht mal ein- und ausschalten kann, er braucht für jeden Pipifax seine Sekretärin.

Er scheint außerdem zu glauben, dass Kinder doof und schwerhörig sind. Denn nach einem freundlichen »Macht so weiter« redet er mit Brettl laut über Sachen, die uns bestimmt nichts angehen.

Wir wissen, was sich gehört, und klinken unsere Kopfhörer wieder ein. Ich versäume allerdings nicht, meine Lautstärke auf Null zurückzufahren. Schließlich interessiert es mich, worüber der Direktor sich auslässt.

Ach so, um den großzügigen Bücherei-Etat geht es nur, den die Stadt dieses Jahr genehmigt hat. Mir wird schnell klar, dass es sich dabei um Geld handelt, mit dem Brettl die veralteten Bücher durch neue hätte ersetzen sollen. Was er aber nicht gemacht hat. Denn Herr Eberle lobt ihn jetzt für seinen Mut, anstelle von Büchern Lernsoftware angeschafft zu haben und die vier teuren Computer natürlich, die man zum Abspielen braucht. Die Stadtväter hätten nur zögerlich zugestimmt, und er als Direktor habe auch seine Bedenken gehabt, das wolle er nicht leugnen. Aber er sei eben ein moderner Schulleiter, allem Neuen aufgeschlossen, und unterstütze seine Lehrkräfte. Was die Bücher angehe, die werde man nun eben im nächsten Schuljahr kaufen.

Als Herr Eberle weg ist, atmet Brettl auf. Hat er Angst gehabt, dass wir ihn blamieren würden? Wir doch nicht!

Er bleibt eine Weile bei uns stehen und beobachtet, wie wir vorankommen. Das macht mich nervös. Ich hasse es plötzlich, dass ich in Deutsch so blöd bin, ich weiß zum Beispiel noch immer nicht, was Schlüsselwörter sind.
Mit schiefem Kopf schaue ich zu Brettl hoch. »Vorher ist es besser gegangen«, sage ich. Was nicht gelogen ist, denn Tetris kann ich wirklich gut.
Er nickt arglos. »Ich kenne das. Ich geh ja schon.«
Aus seiner Ecke ruft er dann: »Wieder besser?«
»Ja.« Ich zeige ihm alle meine Zähne.
Aber momentan wage ich es nicht mehr, das Programm zu verlassen. Was hab ich für ein Glück gehabt, dass Brettl die Diskette im Laufwerk nicht aufgefallen ist! Denn ich habe vergessen sie nach dem Installieren des Spiels wieder rauszunehmen.

13 Mädchen waren bisher unsere erklärten Feinde

Bevor wir gehen, tragen wir uns für Montag in die Liste ein.
»Kommst du auch um vier?«, sage ich möglichst nebenbei zu Judith, so, als wäre mir die Antwort völlig egal. Was sie allerdings nicht ist.

Ralf hängt im Moment glücklicherweise außer Hörweite drüben bei den Büchern rum, er will sich für Sonntag was ausleihen.
Brettl packt schon seine dicke Lehrertasche.
Judith trägt sich ein. »Ich komme *immer* um vier«, erklärt sie mir.
Als wenn ich das nicht wüsste! Ich kann ja wohl eine Liste lesen! Außerdem ist doch klar, dass jemand wie Judith zuerst die Hausaufgaben macht, ehe sie in die Bücherei geht.
»Ach so?«, sage ich. »Vier Uhr ist für Ralf und mich auch am besten.« Ich finde nämlich Judith gar nicht mehr so übel, eher im Gegenteil, aber sie muss es ja nicht gerade merken.
Es dürfte übrigens auch Ralf einleuchten, dass es sich empfiehlt, uns mit einer zusammenzutun, die garantiert nicht petzt. So eine ist Judith schließlich. Darüber sollte ich mal mit ihm reden. Ich drehe mich nach ihm um.
Er lässt soeben sein Buch bei Brettl registrieren.
»Jonas, hast du nun einen Dobermann?«, fragt Judith hinter mir.
Na, jetzt weiß ich, warum sie noch nicht abgedampft ist, sie hat ja auf ihre Briefchenfrage keine Antwort erhalten!
Ich schüttle bedauernd den Kopf. »Aber ich kenne zwei. Im Industrieviertel.«
»Das sind unsere!«, sagt sie schnell.

»Hab ich mir gedacht.«

Judith guckt überrascht. »Warst du schon mal bei uns in der Firma?«

Ich schüttle den Kopf. Sollte ich ihr vielleicht von der Raumstation auf dem Nachbargelände erzählen? Irgendwie mag ich aber nicht, wegen Ralf und weil Mädchen bisher unsere erklärten Feinde waren. »Wir sind immer auf der anderen Seite vom Zaun«, flüstere ich deshalb nur. Jetzt kann sie es kapieren und einfach mal rüberkommen oder nicht. Die Monsterviecher braucht sie allerdings nicht mitzubringen!

»Wenn du noch ein Buch willst, Judith«, ruft Brettl da, »musst du dich jetzt beeilen. Ich mache dicht.«

Eilig läuft Judith zu den Büchern hinüber.

Hat sie wegen uns doch glatt die Ausleihe vergessen, sieh mal an!

Draußen sage ich zu Ralf: »Ich hab uns für vier Uhr eingetragen. Da kommt Judith auch und die petzt nicht.«

Ich beobachte ihn aus den Augenwinkeln.

Ralf zuckt die Achseln, es ist ihm recht. Dann legt er los und schwärmt in den höchsten Tönen vom Matheprogramm, in das er am Schluss noch reingeschaut hat.

»Weil wir gerade davon reden«, unterbreche ich ihn, »würde es dir was ausmachen, wenn ich immer den mittleren Computer besetze? Ich bin in Deutsch nicht gerade spitze und müsste Judith manchmal was fragen …«

Jetzt wirft er mir doch einen argwöhnischen Blick zu.

»Deswegen, ja? Oder fährst du plötzlich auf Mädels ab?«

»Spinnst du?«, empöre ich mich. »Du hast sie doch nicht alle!«

Das beruhigt ihn. Er sagt: »Blöd, dass sie ausgerechnet ein Mädchen ist!«

»Ja, blöd«, bestätige ich. Dabei bin ich mir nicht sicher, ob ich nicht schon meine Meinung geändert habe. Warum soll sie nicht ein Mädchen sein?

Ralf sagt: »Ich bin sogar *dafür*, dass du den mittleren Computer nimmst. Dann hab ich keine Feindberührung mehr, ha, ha!«

Ich verstehe, was er meint. Ich wollte ja bisher auch nicht neben einem Mädchen sitzen. Aber jetzt ist mir vor allem wichtig, dass es sich um keine Petze und auch nicht um eine Quasseltante handelt. Vielleicht kann Judith sogar bei einer Sache eher den Mund halten als einer von den Jungs: wenn sie *Star Devil* sieht. Auf dieses irre gute Spiel muss ich auch Ralf vorbereiten, damit er nicht aus Versehen einen begeisterten Schrei ausstößt, wenn er es auf meinem Monitor sieht. Es gehört Marcel und ist ein neues 3-D-Spiel, ein sagenhaftes, von dem ich träume, seit ich es bei ihm gesehen habe. Und davon erzähle ich Ralf auf unserem Heimweg.

14 Ralf versucht Gehirnwäsche mit Leberwurst

Kaum haben wir am Samstag die Raumbasis betreten, kommen die schwarzen Monster angerast. Sie fletschen die Zähne, stimmen ein mörderisches Geheul an und werfen sich gegen den Drahtzaun. Sie müssen was gegen uns haben.

Heute fahren keine Laster auf den Hof. Ralfs Vater ist mit Aufräumen beschäftigt. Das macht er jeden Samstag. Während drüben auf der anderen Seite vom Zaun kein einziger Grünling zu sehen ist und kein Pfiff die Monster zurückruft.

Die Samstage, haben wir uns ausgedacht, verbringen die Grünlinge auf einem weit entfernten Planeten. Zum Schutz ihrer Galaxie haben sie die Monster hier gelassen. Was sie am Sonntag tun, können wir nicht sagen, denn sonntags ist auch unsere Basis immer unbemannt.

Ralf feuert mit Gebrüll aus zwei Laserkanonen auf die Bestien. Das macht sie noch wilder. Der massive Drahtzaun vibriert bei jedem Anprall und unsere Station schwingt gefährlich mit. Für die Kanonen sind wir übrigens in den Firmen-Abfallcontainer geklettert, wo die Rohstoffe nur so durcheinander liegen. Ein paar Heizungsrohre, kaputte Ventile und sonstige Eisenteile erfüllten genau unseren Zweck.

Ich stoße Ralf an. »Neue Taktik!«, schreie ich in sein Ohr. Dann zeige ich ihm, womit ich meine Hosentaschen gefüllt habe: mit Hundekuchen. Hab ich heute Morgen gekauft.

»Wir drehen die Viecher um«, erkläre ich Ralf, »die sollen *uns* gehorchen!« In Wirklichkeit will ich vermeiden, dass sie uns für ihr Abendessen halten, wenn Judith tatsächlich mit ihnen aufkreuzen sollte.

»Keine schlechte Idee«, gibt Ralf zu. Aber er hat Bedenken. »So leicht drehst du die nicht um!«

Das sehe ich selber. Sie werfen sich weiter mit Gefletsche und Gebrüll gegen den Zaun, während meine Bröckchen unbeachtet auf ihrer Seite runterregnen.

Ralf guckt eine Weile zu. Dann verschwindet er plötzlich. Als er zurückkommt, hält er mir einen Stock unter die Nase. »Riech mal!«, fordert er mich auf.

»Leberwurst?«, sage ich verblüfft. »Wo kommt die denn her?«

Ralf grinst. »Ich hab die Leberwurst von der Semmel meines Vaters gekratzt. Das merkt der nicht, meine Mutter schmiert immer unheimlich viel drauf.«

Na schön. Vorsichtig durchs Guckloch mit dem Stock. Und tatsächlich, die Monster beweisen wieder mal ihre Ähnlichkeit mit ganz normalen Dobermännern: Sie mögen Leberwurst. Sie stellen ihr Gebell ein und belecken den Stock.

Wir schieben ihn vorsichtig durch den Zaun und lassen ihn fallen. Jetzt bearbeiten sie ihn am Boden weiter.

Und beachten endlich auch meine Hundekuchen. Na, wer sagt's denn!

Etwas später ertappe ich mich dabei, wie ich durch den Energieschild mit Weltraummonstern gurre: »Ja, das schmeckt euch, ihr Stinkerchen, das hat der liebe Jonas extra für euch gekauft ...«

Ralf tippt sich an die Stirn. »So macht man das aber nicht, fremde Wesen umdrehen! Man macht Gehirnwäsche!«

»Wenn das keine Gehirnwäsche ist!«, behaupte ich und säusle durch den Draht hinüber: »Auch der liebe Ralfi hat euch was mitgebracht, Leberwurst, die hat er seinem Vater von der Semmel geklaut ...«

Ralf windet sich und spielt mit den Laserkanonen.

»Hör bloß auf!«, zische ich warnend. Ich sehe genau, dass er am liebsten wieder loslegen würde. Der ist imstande und macht unsere ganze erfolgreiche Gehirnwäsche wieder kaputt!

Da ertönt von drüben ein scharfer Pfiff.

Unsere Köpfe fahren hoch. Mitten in der feindlichen Galaxie steht ein klein geratenes Wesen und hat zwei Finger im Mund.

»Mann!«, japst Ralf. Wie oft haben wir probiert so zu pfeifen! Schon allein um die Monster zu verwirren! Aber Fehlanzeige. Heiße Luft und Spucke. Das ist eben eine Spezialität der Grünlingsrasse, haben wir uns getröstet, eine Macke, jawohl, eine Lücke in den Zähnen oder so was.

Von Judith kann ich allerdings sagen, dass sie nicht die kleinste Lücke zwischen ihren Zähnen hat, schließlich hat sie sie mir schon ein paar Mal freundlich gezeigt. Wie macht sie das also?

»Ha«, freut sich Ralf, »aber die Köter gehorchen ihr nicht, die haben wir versaut!«

Tatsächlich beschäftigen sich die gezähmten Monster weiterhin mit dem besabberten Stock, als hätten sie Dreck in den Ohren.

Judith wiederholt den Pfiff und geht dabei ungeduldig in die Knie. Danach schreit sie: »Tokio! Yokohama!«

Die Monster lassen nur widerwillig vom Stock ab und drehen sich um. Mit geknickten Beinen und hängendem Schwanz kriechen sie auf ihre Herrin zu. So langsam haben wir sie noch nie gesehen.

»Wenn ich ein Hund wäre«, sage ich zu Ralf, »würde ich auf einen solchen Namen auch nicht hören!«

»Tokio! Yokohama!«, äfft Ralf mit lauter Stimme Judith nach. Wir stehen hinter dem Guckloch im Erdgeschoss unserer Station und ich glaube nicht, dass Judith uns sehen kann.

Sie schimpft zuerst mit den Hunden, dann kommt sie näher. Die Viecher springen um sie herum.

Bevor Ralf aus den Laserkanonen feuern kann, rufe ich schnell: »Judith!«

Ralf zischt: »Du gibst dich mit einer Spionin ab!«

»Die hab ich doch schon umgedreht«, raune ich ihm zu.

Dann ist Judith angekommen. Sie steht auf der anderen Seite vom Zaun und besieht sich unsere Köpfe im Guckloch. Als sie damit fertig ist, lässt sie ihre Augen über unsere ganze Station kreisen.
»Habt ihr das gebaut?«, fragt sie anerkennend.
Ich atme auf. Sie hätte auch sagen können: Ist das euer Schuttberg?
»Sicher«, brummt Ralf. »Das ist unsere Basis.«
»Basis?«
»Raumbasis«, ergänze ich. Man weiß doch, dass Mädchen von solchen Dingen nicht viel verstehen. »Haus kannst du übrigens auch sagen«, biete ich großzügig an. Muss mir nur noch überlegen, wie ich ihr die Laserkanonen im Wohnzimmer erkläre.
»Kann ich reinkommen?«
»Wenn du auf unserer Seite bist«, sagt Ralf finster.
»Ach so? Kämpft ihr gegen Außerirdische? Sind das da Abwehrraketen?« Sie windet eine Hand durch den Zaun und zeigt auf die Rohre.
»Fast richtig«, gibt Ralf zu. »Genau gesagt sind es Laserkanonen und wir kämpfen gegen die Grünlinge.«
»Grünlinge? Marsmenschen oder so?«
Ralf nickt. »Deine Galaxie ist voll davon!«
Judith dreht sich um und lässt den Blick über das verlassene Gelände schweifen. Danach meint sie listig: »Aber heute haben sie sich weggebeamt!«
»Richtig«, sage ich erleichtert. Die versteht ja was von solchen Sachen! Ihre hellen Haare mit den Spangen

drin sind zum Anfassen nahe. Warum soll eine wie sie eigentlich nicht bei uns mitmachen? Die Chancen stehen gut. Denn Ralf hat seine finstere Miene endlich aufgegeben.

»Wir könnten Verstärkung gebrauchen!«, flüstere ich ihm noch zu. Um ehrlich zu sein, es ist sowieso schon ein bisschen langweilig geworden, seit wir nichts mehr zu bauen haben.

Fünf Minuten später ist Judith in der Raumbasis. Sie hat eine weite Reise zum Tor und die Straße lang zu unserem Tor machen müssen und war doch schon so nah; aber wir durften eben den Energieschild nicht abschalten, wegen Tokio und Yokohama. Bei solchen Bestien kann man nie wissen, ob sie auch endgültig umgedreht sind.

15 Was kann man von einem Lehrer anderes erwarten

An den Schultagen zieht es uns nicht in die Raumbasis. Was sind schon Laserkanonen aus Altmetall gegen *Megarechner*! Und die stehen eben in Brettls Lernstudio und sind das Beste überhaupt. Wenigstens für Judith, Ralf und mich. Während nämlich wir drei uns jetzt regelmäßig dort treffen, hat das allgemeine Interesse an der Sache schon etwas nachgelassen, besonders bei den Jungen. Genau wie ich haben sie Brettls Angebot an CD-ROMs studiert und gefunden, was ich gefunden habe: nur Lernsoftware, sonst nichts.

Das hatte ich ihnen gleich gesagt, von Anfang an und noch ehe ich irgendwas gesehen hatte. »Was kann man von einem Lehrer anderes erwarten?«, hab ich gesagt. »Ein Lehrer hat nichts weiter im Kopf als uns zu trimmen, das ist sein Lebensziel.« Wer schon so lange in die Schule geht wie ich, der weiß das.

Aber sie wollten's bis heute nicht glauben, ihnen fehlt eben noch meine zwölf Monate längere Erfahrung.

Sie fragen also Brettl vor der Englischstunde, ob er keine Spiele habe, richtige Computerspiele wie Adventures, Autorennen, Flugsimulatoren …

Brettl mustert sie erstaunt. So als hätte er im ganzen Leben noch nichts davon gehört. Und dann erklärt er ihnen ziemlich schroff: »Das schminkt euch ab, dazu hat man mir das Geld fürs Lernstudio nicht bewilligt!«

Ich lehne mich zurück und verschränke die Arme. Na bitte, da habt ihr's!, möchte ich den Fragern am liebsten hinreiben.

Brettl sieht aus, als wolle er noch was anmerken, vielleicht was Milderes, aber dann überlegt er sich's anders und beginnt mit Englisch. Pech für ihn! Jetzt hat er endgültig ein paar Fans weniger für sein Lernstudio.

»Du, Jonas«, meint Ralf, als wir in der Pause sind, »ei-

ner, der sich mit Computern so gut auskennt wie der Brettl, der hat doch auch schon *Spiele* gesehen!«
»Darauf kannst du Gift nehmen«, sage ich. »Aber als Lehrer muss er sie eben ablehnen, das ist so!« Ich habe nämlich darin meine besonderen Erfahrungen: Alle Lehrerinnen und Lehrer, die ich bisher hatte, haben gegen Computerspiele gewettert.
Ich mache es Ralf vor: »Ihr verderbt euch die Augen, Kinder! Und was glaubt ihr, wie nervös ihr werdet!«
»Ihr lernt nur dumme Sachen dabei!«, ergänzt Ralf.
»Genau.« Ich grinse ihn an. »Ihr habt überhaupt keine Zeit mehr für die wirklich wichtigen Dinge, Kinder!«
Ralf stößt mich an. »Das Beste hat der Brettl selber gesagt, weißt du noch, Jonas, am Anfang?« Mit Brettls tiefer Stimme legt er los: »Leute, ihr kommt aus einem Spiel nicht mehr raus, ihr könnt einfach nicht aufhören, das ist das Vertrackte!«
»Wie Recht er hat!«, kichere ich und denke an Marcels Adventure Games. »Vertrackt, natürlich, aber eben auch wahnsinnig spannend! Klar, als Lehrer darf er das nicht so sehen! Er muss seine Lernsoftware anpreisen. Damit hat er immerhin eine Menge Leute in seine Bücherei gelockt.«
»Aber die springen ihm jetzt alle wieder ab!«, freut sich Ralf.

Das ist es eben, was für uns gut ist, für Ralf, Judith und mich. So müssen wir nicht jeden Tag hart um unsere drei Plätze in der Liste kämpfen. Judith hätte das zwar eigentlich nicht nötig, sie hat von ihrem Vater schon vor längerer Zeit einen guten Rechner gekriegt. Aber auf den hat ihr Vater dann gleich Firmendaten ausgelagert, die so wertvoll sind, dass Judith lieber gar nicht rangeht, aus Angst was anzurichten.

Also treffen wir uns bei Brettl.

Dem Alien habe ich inzwischen schon ein paarmal ein halbes Lob abgerungen, ganz selbstständig! Von Judith krieg ich dann noch ein ganzes extra, das ist mir die kleine Mühe doch wert.

Aber wenn ich das Gefühl habe, dass Brettl uns nicht mehr beachtet und restlos in seine Geheimniskrämerei am Computer vertieft ist, rufe ich ein Spiel auf. Eins von denen, die mein Bruder ausgemustert hat, weil sie ihm nicht mehr gut genug waren, die aber auf meiner Schrottkiste daheim nicht laufen. Beim Installieren habe ich fürchterlich geschwitzt, denn jedes Spiel kam auf mehreren Disketten daher. Und bis ich die alle durch hatte!

Judith macht bei den Spielen noch nicht mit. Dafür steht sie Schmiere, mit den Augen. Sie passt auf, ob jemand kommt oder ob Brettl vielleicht seine Geheimarbeit beendet.

Manchmal vergisst sie sich aber und lehnt sich zu mir herüber um zu gucken, was auf meinem Bildschirm so alles abgeht. Dann bin ich sehr zufrieden, dass ich den Platz mit Ralf getauscht habe.

16 Brettl ist ein Geheimniskrämer

Brettl hat auf seinem Computer das Programm für die Buchausleihe, also: wer wann was mitgenommen hat. Leute, die ein Buch holen, stehen vor seinem Tisch und warten geduldig, bis er seine Arbeit unterbricht und ihre Daten eingibt. Wenn er gerade was Wichtiges macht, kann es eine Weile dauern. Es muss was Hochwichtiges sein! Denn man sieht Brettl an, dass ihm die Unterbrechung stinkt. Gereizt schaltet er schließlich um auf das Ausleihprogramm. Ich nehme an, er hat es immer geladen und kann es jederzeit sofort aufrufen. Aber es würde mich schon brennend interessieren, was die Hochwichtigkeit denn sein könnte. Wenn ich etwas hasse, dann einen Monitor von hinten und immer nur von hinten!

Ralf und Judith hab ich mit meiner Neugier auch schon angesteckt. Sie lauern mit mir zusammen auf eine Gelegenheit, Brettl auf die Schliche zu kommen. Ralf hat sowieso seine eigene Meinung über die sonderbare Geheimniskrämerei von Brettl. Er denkt, dass –

»Hallo, Stefan!«, platzt eine Stimme in meine Überlegungen. Sie gehört Frau Wanke, die auch Deutsch gibt. Mit *Stefan* meint sie Brettl. Sie steht vor seinem Tisch und nervt ihn mit einem strahlenden Lächeln, soweit ich das von der Seite sehen kann.

Judith fährt zusammen. Ralf haut auf *Alt + Tab*. Ich auch. Mit diesem Spezialgriff holen wir sofort wieder die Lernsoftware vom Hintergrund. Den Griff verwenden wir, seit ich ein längeres Telefonat mit meinem Bruder hatte. Mein Bruder kennt eben einfach alle Tricks.

Den Schreck hätten wir uns allerdings sparen können: Frau Wanke hat kein Interesse an uns. Sie will von Brettl eine Auskunft über Lesestoff. Ob er Sciencefiction-Romane habe, die für ihre Klasse geeignet wären. »Bestimmt«, sagt Brettl und lächelt abwesend. »Einen kleinen Moment.« Bildschirm, Tastatur, Bildschirm – ein letzter bedauernder Blick, dann schwingt er sich über den Tisch. »Komm mit, Iris.«

Als sie durch die offene Tür zu den Büchern hinüber verschwunden sind, gucke ich Ralf und Judith an, streife meinen Kopfhörer ab, lege den Finger an die Lippen und stehe möglichst leise auf. Ich schleiche zu Brettls Ecke und werfe mich bäuchlings auf seinen Tisch, zum Glück ohne irgendwelchen Schreibkram runterzufegen.

Aus dieser Lage ist mir ein Blick auf seinen Monitor möglich. Schon seit Tagen habe ich auf die Gelegenheit gewartet; ich will endlich mal sehen, woran Brettl so konzentriert arbeitet.

Aber – Fehlanzeige. Das Ausleihprogramm ist drauf! Dabei war doch in der letzten Viertelstunde keiner hier um sich ein Buch zu holen!

Das bestätigt mir zwei Dinge: Erstens liegt das Ausleihprogramm tatsächlich immer im Hintergrund und zweitens kennt Brettl genau wie wir den Spezialgriff. Was mich ja eigentlich nicht wundert.

Worüber ich staune, ist seine übertriebene Vorsicht: Jetzt hat er schon den Monitor ganz in die Ecke gedreht und dann wechselt er auch noch das Programm, als ob er absolut nicht zeigen will, an was er gerade sitzt!

Ich springe wieder auf die Füße. Eben rechtzeitig. Denn durch die offene Tür höre ich Brettl sagen: »Warte, Iris, ich hab alle Titel, die dich interessieren, in einer Datei.« Noch ist er drüben hinter einem Regal, aber wenn er das umrundet hat, muss ich wieder auf meinem Platz sitzen.

Etwas hängt an meinem Pulli und fällt auf den Boden, ein kreisrundes Stück Pappe. Ich kicke es erschrocken unter Brettls Tisch, husche wie der Blitz zu meinem Stuhl und erreiche ihn in letzter Sekunde.

Brettl kommt durch die Tür. Er ist Schuld, wenn mir mal das Herz aussetzt, so einen Galopp hält keine Pumpe auf Dauer aus!

Während Brettl dann für Frau Wanke die Liste der Sciencefiction-Romane ausdruckt, bin ich mächtig am Grübeln. Mir gefällt da was nicht …

Ich stoße Ralf und Judith an. »Kommt ihr mit? Ich muss was mit euch besprechen!«

Brettl bedauert, dass wir schon gehen. Er fixiert Ralf und mich. »Ihr macht doch nicht schlapp, oder?«, fragt

er streng. Dann etwas freundlicher: »Will euch mal was verraten. Die Lernsoftware enthält auch ein paar nette kleine Spiele. Wenn ihr genügend Punkte gesammelt habt, lässt euch das Programm darauf zugreifen. Oder wisst ihr das vielleicht schon von Judith?«
Ralf und ich tauschen einen Blick. Von Judith wissen wir es nicht, wir haben's selber rausgefunden. Aber wir wollen keine Spiele, die wir uns erst durch Punktesammeln verdienen müssen, das ist mehr was für Judith. Und vor allem haben wir keine Lust, darüber zu *reden*, denn beim Thema Spiele wird's uns augenblicklich so mulmig, als hätte Brettl Röntgenaugen. Solche, mit denen er von hinten durch unseren Monitor gucken kann.
Judith merkt, dass uns nicht wohl ist in unserer Haut.
»Ich hab's ihnen gesagt«, behauptet sie schnell.
Jetzt schwindelt sie schon für uns!
»Na, dann holt euch doch noch ein paar Punkte«, fordert uns Brettl auf.
»Lieber morgen«, sage ich und ziehe Ralf und Judith zur Liste hinüber. Wir tragen uns ein. Danach hauen wir ab zu unserer Besprechung.

17 Mein Bruder hat das genialste Spiel

Hinter der Schule ist ein dichtes Gebüsch. In der Pause spielen eine Menge Leute dort Verstecken. Aber jetzt ist gerade keiner da außer uns. Von hier kann man die zwei Fenster der Bücherei sehen und das eine vom Nebenraum. Ich habe es schon ausprobiert: Auch vom Fenster hat man natürlich keine Sicht auf Brettls Monitor.

Wir zwängen uns zwischen den Zweigen durch zu einem Hohlraum in den Büschen und Ralf platzt heraus, kaum dass wir sitzen: »Was hast du auf Brettls Bildschirm gesehen?«

»Was wahnsinnig Aufregendes«, kündige ich an.

»Ja? Was? Sag schon!« Die beiden hängen gierig an meinen Lippen.

»War's der nächste Englischtest?«, fragt Judith mit funkelnden Augen. Ihre Sucht, jedes Mal alle Punkte zu schaffen, ist schon verrückt. Und ihre Angst, vielleicht mal unvorbereitet auf eine schwere Aufgabe zu stoßen.

Leider muss ich ihre Hoffnung enttäuschen.

»Es war – macht euch auf was gefasst – das Ausleihprogramm!«

»Oooch.« Die zwei sacken zusammen wie Ballone, in die einer mit der Nadel piekst.

»Und ich hab gedacht, du hast eine Horrorgeschichte entdeckt«, seufzt Ralf. Seine fixe Idee ist nämlich, dass Brettl Horrorstorys erfindet und sie an Zeitschriften verkauft.

»Horrorstorys schreibt er!«, wiederholt Ralf für Judith, die das heute zum ersten Mal hört und ihn verblüfft anschaut.

»Natürlich heimlich!«, fantasiert er weiter. »Es sind schließlich ganz blutrünstige Geschichten. Das sieht man doch, weil er beim Schreiben immer so fürchterliche Augen macht!«

»Das mit den Augen stimmt schon«, unterbreche ich ihn, »aber so würde ich auch dreinschauen, wenn ich den ganzen Nachmittag lang Diktate und Klassenarbeiten austüfteln müsste!« Dann überlege ich und schüttle den Kopf. »Oder sind's doch Horrorstorys? Warum eigentlich nicht? Es *muss* jedenfalls was Schauriges sein. Weil er sofort auf den Spezialgriff haut, wenn einer kommt. Irgendwas Grausames …«

»Jetzt hab ich's!«, platzt Ralf raus. »Der Brettl schreibt Liebesbriefe!«

»Liebesbriefe?«, staunen Judith und ich.

»Ja, warum nicht? So wie der sich reinsteigert und wie er es geheim hält …«

Wir sehen uns an und fangen zu kichern an. Das wäre natürlich auch eine Möglichkeit. Vielleicht an die Wanke? Aber Liebesbriefe – da halte ich mich raus, davon versteh ich nichts. Außerdem hab ich die Sitzung eigentlich aus einem anderen Grund einberufen. Mich hat was schockiert und im Vergleich dazu ist Brettls Geheimnis Nebensache.

Die Pappscheibe ist es, die mir Sorge macht! Eine solche hat mein Bruder auch, ich habe sie erkannt, gerade als ich sie unter den Tisch stieß. Und weil Brettl sie offenbar einem weggenommen hat, fürchte ich für das, was ich eigentlich nächste Woche einschmuggeln will.

»Ich trau mich nicht Star Devil mitzubringen«, raune ich Ralf zu.

»Wieso denn nicht?«, fährt er auf.

»Wenn mich der Brettl erwischt, bin ich die CD-ROM los!«

»Moment«, mischt sich Judith ein. »Hast du *Star Devil* gesagt?« Sie beginnt ganz merkwürdig zu grinsen.

Ich schaue sie verblüfft an. »Kennst du das vielleicht? *Du*?«

Judith nickt fröhlich. »Wenn es das ist, wo man in einem schnellen Raumgleiter durch die Galaxien rast und fremde Planeten erforscht, die von Ungeheuern wimmeln ...«

»Genau!« Ich bin einfach fassungslos. Judith kennt das, Judith, die von solchen Spielen angeblich überhaupt nichts versteht!

»... wo hinter jeder Ecke Bestien auftauchen, die man abknallen muss, ehe sie einen erwischen«, macht sie weiter.

Ralf guckt zwischen uns hin und her. »Du hast es *ihr* schon gezeigt!«, faucht er.

Ich tippe entrüstet an seine Stirn. »Wo ich's doch noch gar nicht habe, du Blödmann«, sage ich. »Mein Bruder bringt es doch erst am Sonntag mit!« Extra wegen mir macht Marcel am Sonntag eine Kurzvisite. Ich hab ihm nämlich am Telefon das Ohr heiß gequasselt. Er bringt die Scheibe persönlich, weil er Angst hat, dass sie bei der Post verschütt gehen könnte. Sie war schließlich sehr teuer. Ich habe Star Devil kurz vor Marcels Abreise mal spielen dürfen und seitdem spukt es mir im Kopf rum und will da nicht mehr raus.

»Also, sag schon, woher kennst du es?«, frage ich Judith. Sie hat doch immer behauptet, dass sie an die Firmencomputer ihres Vaters *mit gar nichts* ran darf! Und dass in Wirklichkeit nicht mal ihr eigener Computer mehr ihr gehört. Weil auf allen Rechnern so irre wichtige Daten sind.

Judith sagt: »Mit dem Spiel haben unsere zwei Lehrlinge die komplette Computeranlage der Firma lahm gelegt.«

Ich ziehe erschrocken die Luft ein. »Nein!«

»Doch, echt. Es war eine Raubkopie von irgendwoher und sie hatte einen Virus drauf.«

»Aber dürfen denn eure Angestellten einfach …«

»Klar dürfen sie nicht. Fragt mal lieber nicht, was bei uns daheim los ist! In der Firma sitzt jetzt Tag und Nacht ein Fachmann und versucht Daten zu retten!«

Judith zieht ihre Haarspangen raus und befestigt sie neu.
Ralf schaut mich mit aufgerissenen Augen an. »Dann darfst du Star Devil nicht mit in die Schule bringen!«
»Quatsch«, sage ich, »was von meinem Bruder kommt, hat keinen Virus drauf!«
»Ach so«, beruhigt sich Ralf schnell, »ja, also, dann ist doch alles gut!«
»Das Problem heißt *Brettl*«, sage ich ungeduldig. »Wenn er mich erwischt, nimmt er mir die CD-ROM weg, dann ist sie futsch. Ihr wisst doch, was er in seinem Schrank schon alles gesammelt hat …«
»Mindestens zehn Tamagotchis sind inzwischen dabei!«, kichert Judith.
»Und jetzt hat er einem seine Schablone weggenommen!«, komme ich empört auf den Punkt.
Die Schablone ist eben das kreisrunde Pappstück, das auf Brettls Tisch gelegen hat. Auf der großen Scheibe ist eine kleinere montiert, die sich drehen lässt. Ich erzähle es den beiden und beschreibe ihnen das Ding.
»Und wozu ist es gut, Jonas?«, fragt Judith.
Bereitwillig erkläre ich es ihr: »Die Schablone gehört zu einem Adventure Game. Wenn du sie nicht hast, kannst du das Spiel vergessen, du kommst nämlich nicht rein. Denn du kannst die Anfangsfrage nicht beantworten. Bei jedem Spielstart ist es eine andere Frage. Und die Antworten findest du nur auf der Schablone.«

»Aber von unserer Klasse hat sich garantiert keiner getraut so ein Spiel einzuschmuggeln«, protestiert Ralf.
Ich zucke die Achseln. »Es sind doch auch schon Große da gewesen, ich hab mal einen aus der Siebten weggehen sehen …«
»Vielleicht hat der Brettl gedacht, das Ding ist ein Spielzeug«, meint Judith sorglos.
Obwohl ich zu Judith neuerdings nur noch nett bin, werfe ich jetzt entnervt die Hände hoch. »Egal, was der Brettl gedacht hat: Er hat's dem Besitzer weggenommen und das ist die Gefahr. Was tu ich denn, wenn ich meinem Bruder das Spiel nicht mehr zurückgeben kann? Jedenfalls nicht vor Schuljahresende? Das hat mindestens hundert Mark gekostet!«
Daraufhin ist es erst mal still in unserer Buschhöhle. Bis auf das Trommeln von Ralfs Fuß. Mit der Ferse hackt er ein Loch in den Boden. Judith zerkrümelt ein trockenes Blatt. Sie guckt den Staub auf ihrer Handfläche an und seufzt.
»Ich habe gehört, dass man sich in Star Devil wie in der richtigen Welt bewegen und alles von allen Seiten sehen kann, dass man um die Hindernisse rumgehen kann…«, schwärmt sie vor sich hin.
»Ja!«, lege ich begeistert los. »Du kannst zwischen den Sternen in jede Richtung fahren, in jedem Tempo! Du kannst auf den Planeten aussteigen und laufen! Wenn du dich drehst, dann ist es, als ob du dich in einem echten Raum drehst!«

»Und du kannst von allen Seiten überraschend angegriffen werden, poff!«, sagt Ralf.
Ich nicke. »Und die Geräusche! Ihr habt das ja noch nicht gehört: Herzklopfen, Schreie, Explosionen ...«
Ralf stemmt den Fuß in das Erdloch und fleht mich an: »Der Brettl hat uns noch nie erwischt, Jonas! – Und wenn du es einfach, einfach, einfach riskierst?«
Ich zucke die Achseln. Judith reißt wieder mal ihre Spangen raus und guckt sie an. Über den Ohren stehen jetzt ihre Haare weg. Sie sieht plötzlich abenteuerlustig aus. Energisch hebt sie den Kopf. Sie sagt: »Wenn es schief geht, legen wir zusammen. Ich hab vierzig Mark, die kann ich dir geben, Jonas.«
Ich starre sie an. Ehe mir die Augen aus dem Kopf fallen und bevor Ralf sich darüber totlachen kann, sage ich schnell: »Hey, ja, wenn das so ist – ich hab auch ungefähr so viel in meinem Sparschwein!«
Dann lache ich mich tot, weil ich sehe, wie Ralf die Augen aus dem Kopf fallen. Er stiert Judith an und stottert: »Du ... du bist ja ein echter Kumpel, echt!«
Zu dieser Erkenntnis hat er reichlich lange gebraucht.
»Krieg dich wieder ein, Ralfi!« Ich schüttle ihn. »Und was ist mit dir selbst? Legst du auch was drauf?«
»Ja, sicher.« Ralf erholt sich langsam von seiner Überraschung.
Judith hat noch etwas anzumerken. »Rausfliegen werden wir schon nicht. Beim ersten Mal gibt es bestimmt nur eine Verwarnung, der Brettl ist nicht unfair.«

Und das war mal eine brave Musterschülerin!, staune ich.
Judith beweist mir, dass sie immer noch eine ist. Denn sie erinnert uns an die Menge von Hausaufgaben, die wir für morgen machen müssen. Keiner von uns konnte bis vier Uhr damit fertig werden.
»Gut«, beende ich die Sitzung, »dann ist es beschlossen. Ich bringe Star Devil mit, sobald ich es habe. Aber erst mal komme ich hinter Brettls Geheimnis!«

18 Im Netz ist alles möglich

Wir kriegen wieder mal Aufsätze zurück. Ein paar Nachmittage lang hab ich die Hefte neben Brettls Monitor liegen sehen; zuerst war es ein Stapel, dann waren es zwei, von denen der eine immer kleiner und der andere immer größer wurde, zuletzt lagen wieder alle Hefte übereinander, was bedeutete, dass er mit ihnen fertig war.
Judith bekommt ihre Arbeit zusammen mit einem väterlichen Lächeln überreicht. Bei Ralf hebt Brettl die Augenbrauen. »Du hast dich doch glatt zu einer ganzen Seite aufgerafft, Ralf, wenn das kein Start ist!« Er klopft ihm auf die Schulter. »So weitermachen!«

Allerdings hat Ralf nur ein *Befriedigend*. Er zieht ein Gesicht.

Als ich in meinem Heft dieselbe Note entdecke, bin ich überglücklich. Für mich ist das echt gut!

Das meint auch Brettl, er grinst anerkennend. Dann beugt er sich zu meinem Ohr. »Lass dir nur weiter von Judith auf die Sprünge helfen, ich habe nichts dagegen, wenn ihr zwei am Computer die Köpfe zusammensteckt!«

Au wei, das hat er also doch registriert. Ich kann nur hoffen, dass er sonst nichts mitkriegt. Was sich auf meinem Bildschirm so tut, zum Beispiel!

»Heute wird nur das Lernprogramm geladen«, bestimme ich deshalb, als wir drei uns am Nachmittag treffen um in die Bücherei zu gehen. Ich habe mir schließlich vorgenommen, Brettls Geheimnis zu lüften, das ist mir vorerst genug Risiko.

Ralf mault: »Aber nur so lange wie du auf dem Computer vom Brettl rumschnüffelst!« Aha, der gute Ralf weiß mittlerweile, wie gierig auch er selbst nach Spielen ist!

Ich zucke die Achseln. Schließlich muss ich in Brettls Computer erst mal reinkommen, danach sehen wir weiter.

Judith beobachtet uns hin- und hergerissen. Sie platzt fast vor Neugier. Sie will ja, dass es mir gelingt, hofft aber wahrscheinlich irgendwie trotzdem, dass es technisch gar nicht möglich ist.

»Und wenn's überhaupt nicht geht?«, sagt sie. Offenbar verdrängt sie gerade einiges aus ihrem Gedächtnis, zum Beispiel die vernetzte Computeranlage in der Firma ihres Vaters.

»Warum soll's nicht gehen? Ich komm schließlich bei Ralf auch rein. Und bei dir genauso, wenn ich will!«

»Mir ist das trotzdem unheimlich, Jonas«, sagt sie.

»Wieso? Alles ist möglich. Mein Bruder hat an der Uni einen Internetzugang, der verbindet ihn mit der ganzen Welt, da ist unser Netzwerk noch gar nichts!«

»Ich weiß«, sagt sie kleinlaut. Ihr Gedächtnis scheint wieder zu funktionieren. »In der Firma haben wir das auch.«

»Na eben. Was mein Bruder schon alles aus dem Internet gezogen hat! Ich war mal mit ihm in der Uni und hab's gesehen. Wenn Marcel will, kann er abrufen, was irgendjemand irgendwo auf der Welt eingespeist hat!« Vor lauter Begeisterung werde ich redselig wie das Alien.

Ralf neben mir schnaubt. Klar, er war eben noch nie im Internet. Höre ich ihn vielleicht *Angeber* murmeln?

Keine Zeit, der Sache nachzugehen. Denn Judith schaut mich jetzt an, als hätte ich im Aufsatz ein *Sehr gut* bekommen. Den Blick halte ich kaum aus. Ich muss mal ganz schnell die Fenster der Schule zählen. Als ich damit fertig bin, fällt mir gleich Ralfs säuerliche Miene auf. Hat er was gegen meinen großen Bruder? Oder gegen das Internet? Oder passt ihm vielleicht Judiths Bewunderung nicht?

Er sagt muffig: »Ich hoffe, du kriegst das Geheimnis heute raus!«

»Werde mir Mühe geben, Kumpel«, antworte ich zuversichtlich. Das Wort *Angeber* überhöre ich einfach.

Wir gehen beschwingt in die Schule rein.

Die Computer laufen auf Hochtouren. Mindestens drei Leute hängen an jedem dran und behaupten, sie wüssten nichts von einer Liste.

Wir bauen uns vor Brettl auf und beschweren uns.

»Ihr seid zu spät«, wirft er uns vor.

Das stimmt. Wir haben auf dem Schulhof zu lange gequasselt. Aber musste er deshalb gleich unseren Platz vergeben?

Brettl sieht unsere langen Gesichter und lenkt ein. »Es sind Schüler aus Frau Wankes Klasse. Sie wollen sich das auch mal anschauen. Geben wir ihnen noch fünf Minuten, okay?«

Wir nicken gezwungenermaßen. Ungeduldig stellen wir uns hinter den Anfängern auf. Wir schauen ihnen auf die Finger. Wie Leute, die telefonieren wollen und vor einer besetzten Zelle warten. Die Anfänger werden immer nervöser.

Als Ralf knurrt: »Die fünf Minuten sind um!«, springen sie erleichtert auf.

Aber jetzt wollen noch die ran, die bisher überhaupt nichts ausprobieren konnten.

»Wir stehen in der Liste!«, sage ich sehr laut.
Da greift endlich Brettl ein. »Zeig ihnen halt die Liste, Jonas, dann können sie sich für nächste Woche eintragen!«, ruft er.
Moment, die alle wollen jetzt auch kommen? Ich nehme schnell den Plan an mich und schreibe gleich an jedem Tag für zwei Stunden *Ralf* und *Judith* und *Jonas* rein. So. Um die restliche Zeit können sie sich meinetwegen raufen.

19 Wenn aber bei Brettl ein Alarm klingelt

Als die Bande abgezogen ist, sagt Brettl freundlich aus seiner Ecke: »Ihr drei macht mir Spaß! Euch gefällt's hier verdammt gut, was?«
Ich will mal nicht allzu viel Begeisterung zeigen. Sonst schöpft der Gute noch Verdacht. Ich nicke also sparsam und sehe, dass Ralf es genauso macht. Und sogar Judith, die sich früher bestimmt vor Zustimmung überschlagen hätte, schenkt Brettl nicht mehr als ein dünnes Lächeln. Sollte sie mal eine feindliche Agentin gewesen sein, so ist sie jetzt aber garantiert umgedreht! Wenn man Ralf und mich erwischt, wird sie als Komplizin auffliegen, das ist klar.

Der ahnungslose Brettl nickt uns zu. Er arbeitet noch an Korrekturen. Sein Computer summt ungenutzt und wird vorerst nur gebraucht, wenn jemand kommt um sich ein Buch auszuleihen.

Ich zwinge mich ein paar Aufgaben zu lösen, die das Alien mir anbietet. Auch Ralf und Judith scheinen in eine Übung vertieft zu sein. In Wirklichkeit beobachten sie mich unablässig, mich und natürlich auch Brettl. In meinem Mund wird wieder mal die Spucke weniger; das hasse ich und ich frage mich ärgerlich, warum ich nicht einfach drauflosklicke, wer hat es mir denn verboten?

Direkt verboten hat es tatsächlich niemand. Aber mir sagt so ein komisches Gefühl, dass Brettl nicht eben begeistert wäre, wenn er wüsste, dass ein Schnüffler auf seinen Computer zugreifen will. Wo er doch so betont unter Ausschluss der Öffentlichkeit arbeitet!

Ich hole tief Luft und starte die Suche.

Rechner 1, das ist der von Ralf. *Rechner 2* heißt meiner. Judith sitzt an *Rechner 3*. Weiß ich längst. Sehr einfallsreich, die Benennung, wirklich, genau wie man es von einem Lehrer erwarten darf. Weiter. Wie heißt der vierte? *Brettschneider*, sagt mein Bildschirm. Ach, sieh mal einer an, wie originell! Das ist er also, sein Computer. Dann mal los und ran.

Wenn bei Brettl drüben jetzt ein Alarm klingelt, werde ich sagen, es war ein Versehen. Ich klicke, schiele hinüber und spitze die Ohren.

Nichts, kein Alarm. Ich wüsste auch von keinem. Brettl hat unverändert den Kopf über seinen Korrekturen.

Also, schauen wir doch mal. Wie viele Festplatten hat er denn? Anscheinend vier. Die erste nennt er *System*, die zweite *Bücherdatenbank*, die dritte *Schule* und die vierte … hat keinen Namen. Nur f, nichts weiter. Ob er sie vielleicht noch nicht belegt hat?

Mein Mund ist trocken. Denn mit dem nächsten Mausklick werde ich wirklich drin sein. Ich werde Brettl praktisch über die Schulter auf seinen Monitor gucken, ohne dass ich aufstehen muss.

Klick, *System*. Fieberhaft laufen meine Augen über die Angaben. Aha, was man bei dem Namen vermuten darf: Hier hat er das Betriebssystem abgelegt. Und ein paar gängige Textverarbeitungsprogramme, die mein Bruder auch hat. Keine Dateien. Also auch keine Horrorstorys und keine Liebesbriefe, keine Tests, keine Aufsatzthemen, keine Notenlisten.

Ich wette mit mir, dass ich die Tests, die Aufsatzthemen und die Notenlisten auf der dritten Festplatte finde; Brettl als gründlicher Mensch legt unter dem Namen *Schule* bestimmt keine Liebesbriefe ab. Ob ich Judith gleich mal eine große Freude machen kann, indem ich ihr das nächste Diktat zeige?

Ein Blick zu Brettl. Er nimmt ein neues Heft vom Stapel. Gut so. Klick, *Schule*. Gleichzeitig ein Ellbogenstoß für Judith. Die wird Augen machen!

Gespannt schielt sie auf meinen Monitor. Aber wer wirklich Augen macht, das bin ich. Mann, verdammt, was lese ich denn da?
Passwort eingeben.
Na wunderbar. Brettl ist doch ein echter Stinker, er hat diese Festplatte mit einem Passwort gesichert! Auf *Schule* lässt er mich nicht zugreifen! Ich knirsche mit den Zähnen und rolle die Augen. So einer ist Brettl. Gründlich, das muss man ihm lassen!
»Nicht verzweifeln, Jonas«, sagt er halblaut in seiner Ecke und grinst dazu.
Mir bleibt das Herz stehen, jetzt, jetzt setzt es aus, jetzt falle ich vom Stuhl, gleich bin ich tot …
»Nicht aufgeben, notfalls hast du immer noch den Hilfetext oder du fragst einfach Judith.«
O Gott, o Gott, o Gott. Mit einem Rumpler setzt meine Pumpe wieder ein, sie schafft so viel Blut in meinen Kopf, dass er fast platzt. Wo ist mal eben schnell ein Loch, in dem ich verschwinden kann? O Gott, o Gott, o Gott.
Ich stöhne und gurgle: »Das Scheiß Alien!« Es hat mir zwar nichts getan, aber irgendeiner muss jetzt eben herhalten.
Brettl amüsiert sich. »Geduld ist nicht deine große Stärke, was, Jonas? Du lernst es auch noch, glaub mir.« Damit schnappt er sich ein neues Heft.
Ich schließe die Augen und atme tief ein und aus. Dieser Brettl bringt mich noch mal um, das weiß ich.

Dann betrachte ich nacheinander Ralf und Judith. Beide sind auf einmal so bleich wie Frischkäse.

»Hör auf damit!«, wispert Judith. Flehend blickt sie mich an.

»Öööh ...«, meint Ralf.

Die zwei in solcher Angst zu sehen, beruhigt mich. Immerhin hätte ich mir auch gerade eben beinahe in die Hose gemacht.

Ich zucke die Achseln und fasse nach der Maus. Zittrig bin ich, aber mutig auch. Klick. Wie sieht denn nun eigentlich die Bücherdatenbank aus?

Judith schüttelt warnend den Kopf; sie benimmt sich, als hätte Brettl vor, sie für meine Tat zu prügeln. Das weiß ich zu schätzen, das verdient echt eine kleine Anstrengung meinerseits.

Aha, wie ich mir dachte: das Ausleihprogramm. Soll ich mal schnell bei ein paar Leutchen die Titel löschen oder einen Blödsinn eintragen? Ich muss schon fast grinsen. Aber dann lasse ich es doch lieber bleiben; Brettl könnte einen Virus dafür verantwortlich machen und sämtliche Computer überprüfen und meine installierten Spiele finden. Da kann ich mich ja gleich freiwillig stellen!

Wo stecken nun die dämlichen Horrorliebesgeschichten? Es gibt nur noch die Festplatte f, da müssen sie also drauf sein. Brettl ist bisher, wie's scheint, kein passender Name dafür eingefallen. Also ich, ich hätte die Platte einfach *Horror* genannt.

Aber das mit den Liebesbriefen und den Horrorgeschichten ist ja alles sowieso nur eine Erfindung von Ralf. Ich bin mir auf einmal sicher, dass Brettl ein ganz anderes Geheimnis hat. Vielleicht führt er ein Doppelleben und geht nachts auf Raubzüge und hat auf der letzten Festplatte sein Diebesgut aufgelistet und die Hehleradressen und ...

So weit komme ich in meinen Gedanken, aber dann stehe ich mal wieder vor einem kleinen Hindernis. Nämlich vor der freundlichen Aufforderung: Passwort eingeben.

Das hätte ich mir ja denken können: Einer, der seine Schulsachen gegen jeden Zugriff schützt, lässt mich ausgerechnet einen Blick auf sein Diebesgut werfen! Mist, Mist, Mist! Das war's dann.

Und dafür habe ich mein Leben riskiert!

Ich könnte heulen vor Wut und Enttäuschung, aber auch vor Erleichterung, weil mich Brettl nicht erwischt hat. So schnell wie möglich verlasse ich seinen Sperrbezirk, ich meine, seinen Computer. Und jetzt erst, als ich gerettet bin, fangen meine Hände so richtig zu zittern an. Ich kann gar nicht mehr weitermachen, schon überhaupt nicht, wenn mich ein blödes, glotzäugiges Alien anquakt.

Ich springe auf.

»Mir reicht's für heute«, gebe ich bekannt.

Ralf und Judith staunen mich kurz an. Dann beeilen sie sich ihr Programm zu schließen.

Brettl schaut irritiert hoch. »Was ist jetzt wieder los? Zuerst vertreibt ihr andere Leute und dann verschenkt ihr eure Zeit!«
Judith windet sich unter seinem Blick und guckt zu Boden. Ralf stößt mich heftig an, was bedeuten soll: Denk dir was aus, schnell!
So brumme ich: »Zuerst wollte ich auch. Aber heute ist nicht mein bester Tag.«
»Dann bestimmt nächstes Mal«, meint Brettl voller Mitgefühl.
Ha! funkt mein Blick, du musst mir nur das Passwort verraten!
Aber Brettl empfängt die Botschaft nicht. »Und was ist mit euch beiden?«, will er wissen. »Habt ihr auch nicht euren besten Tag?«
Ralf wartet auf eine höhere Eingebung. Ich trete einen Schritt zur Seite, aus der Reichweite seiner Boxhand. Er soll sich gefälligst selbst was einfallen lassen.
Da fängt er von der Raumstation zu faseln an, die wir im Industrieviertel gebaut haben, und davon, dass wir jetzt sofort hin müssten, die Basis sei seit Tagen unbemannt …
Brettl nickt. Seine Augen schwenken zu Judith.
Die verwöhnt ihn mit ihrem allerstrahlendsten Lächeln und der Auskunft, dass sie auch zum Team gehöre.
»Du? Zur … Raumpatrouille?«, fragt er ungläubig.
»Ja, genau, zur Raumpatrouille«, sagt Judith ohne mit der Wimper zu zucken.

Erst draußen sehe ich, dass sie feuerrot angelaufen ist. Daran sollte sie vielleicht noch arbeiten ...
Sie macht erregt an einer Haarspange rum und sagt zur selben Zeit wie Ralf: »Was war los, Jonas?«
»Nichts war los«, gestehe ich mürrisch. »Null und nichts. Wegen dem blöden Passwort vom blöden Brettl!«

20 Wer glotzt mich da so schadenfroh an

Von meinem Bruder ist ein flaches Päckchen angekommen. Für mich.
Das sieht ganz nach Star Devil aus! Hat Marcel das Spiel nun doch der Post anvertraut?
Jawohl, es ist eine CD-ROM, aber eine unbeschriftete. Statt einem Begleitheft steckt ein Zettel in der nackten Hülle. Ich ziehe ihn raus.
Hallo, Jonas, lese ich, *keine Zeit, heimzukommen! Habe dir eine Kopie gebrannt. Sag's keinem, ist illegal. Ein gigantisches Spiel! In der Mehr-Spieler-Version kann man zu viert zusammenarbeiten. Meine Freunde und ich machen das. Genaueres ein andermal. Lass dich nicht erwischen, Jonasbruder! Das wünscht dir Marcel*

»Kopie gebrannt?«, fragt Mama, die mir über die Schulter guckt. Wenn ich noch mehr Briefe kriege, muss ich ihr das abgewöhnen. »Illegal? Erwischen? Was? Wo?«

Ich klappe den Zettel zu und erkläre ihr schnell, dass es ein Spiel zwischen mir und Marcel ist, ein Geheimcode, dass wir so tun, als ob wir Agenten wären.

Mama legt den Kopf schief und fixiert mich. »Hältst du mich für blöde, Jonas?«

»Nein, Mama!«, lüge ich.

»Das hoffe ich. Jetzt erklär mir den Code!«

»Aber Mama«, rufe ich entrüstet, »dann ist er ja nicht mehr geheim!«

Sie bedenkt das. Auf einmal kommt ein Glitzern in ihre Augen. Sie lächelt mich unheimlich lieb an, wedelt ein bisschen mit den Fingern und macht sich leise davon.

Keine Ahnung, was ihr Benehmen soll.

Es ist reiner Zufall, dass ich es doch noch erfahre. Nämlich als Mama nach dem Essen mit ihrer Freundin telefoniert. Das tut sie häufig und es hat mich noch nie interessiert. Aber diesmal lausche ich, als ich sie reden höre, denn ihr Gesprächspartner könnte ja auch Marcel sein. Er ist es nicht, sie erwähnt nur seinen Namen. Sie freut sich darüber, dass ihr großer Sohn Marcel endlich mal mit seinem kleinen Bruder Jonas altersgemäß spielt, dass er mit ihm Geheimbotschaften austauscht, eben Sachen tut, die elfjährige Jungs so mögen. Und ob das nicht ganz reizend sei?

Grrrr! Reizend! Ich finde, es klingt vor allem bescheuert! Schnell mache ich mich davon.

Am Nachmittag schmuggle ich die CD-ROM in die Bücherei. Ralf und Judith schauen gebannt zu, wie ich meine Scheibe gegen eine Lernsoftware tausche. Ein Teil muss erst mal installiert werden, danach wird der Computer – genau wie bei den Lernprogrammen – immer auch auf die CD-ROM zugreifen.

Aber so weit kommt es nicht. Denn der Rechner verkündet mir, dass mein Spiel bereits installiert sei. Und zwar auf der zweiten Festplatte. Ich reibe mir die Augen: Das kann doch nicht wahr sein! Der Computer muss sich täuschen. Das schau ich mir sofort an!

Ich klicke. Aber zu meiner noch größeren Überraschung habe ich keinen Zugriff auf die zweite Festplatte. Keinen Zugriff!

Ich schicke einen belämmerten Blick zu Ralf und danach zu Judith. Sie sind keine Hilfe, sie nicken vertrauensvoll, was ungefähr heißen dürfte: Du machst das schon, Jonas.

Bleibt mir wohl nur, das Spiel auch noch auf Festplatte Nummer eins zu installieren.

Ich versuche es. Aber auf Festplatte Nummer eins ist kein Speicherraum mehr übrig, die ist rappeldicke voll mit Lernsoftware.

Heute scheint der Tag der fetten Überraschungen zu sein! Fassungslos quetsche ich die Maus, als ich auf Ralfs und Judiths Computern denselben Zustand vorfinde: Festplatte eins voll, Festplatte zwei gesperrt. Mehr Festplatten gibt es in unseren Rechnern nicht, anders als bei Brettl, der hat vier.

Ich lasse die arme Maus schließlich los und schüttle meinen Kopf, bis er wieder halbwegs klar ist. Was soll das alles, verdammt? Was stimmt nicht mit den Computern ... oder mit mir?

Während ich mir noch das Hirn zermartere, beschleicht mich plötzlich das unangenehme Gefühl beobachtet zu werden. Von lauernden, spöttischen Augen. Mein Verdacht fällt natürlich sofort auf Brettl. Aber der ist es nicht, der hängt hingebungsvoll an seinem Monitor. Judith und Ralf können's auch nicht sein, die beiden haben noch gar nicht kapiert, dass hier überhaupt nichts geht.

Wer also glotzt mich so schadenfroh an? Es ist doch keiner sonst da!

Auf einmal weiß ich es: Es ist doch Brettl. Irgendwie. Genau so muss er geschaut haben, als er die Sperren eingerichtet hat! So ekelhaft zufrieden darüber, wie genial er ist und wie er jeden abblitzen lässt.

Eine Riesenwut auf Brettl kommt in mir hoch. Wenn jetzt mein Bruder hier wäre, der könnte es ihm geben! Gleich fällt mir aber ein, dass selbst mein Bruder nichts gegen ein Passwort ausrichten kann. Und auch niemand sonst. Höchstens ein Hellseher.

Ich knirsche mal wieder mit den Zähnen. Brettl soll es ruhig mitkriegen, das ist mir jetzt auch wurscht. Aber der guckt ja nicht mal her, der hat das gar nicht nötig, der hat schon längst dafür gesorgt, dass keiner ein anständiges Spiel auf seinen Computern laden kann! Selbst wenn ich meine zwei alten Spiele, die bereits installiert sind, wieder lösche, reicht der Speicher niemals für Star Devil aus.

Ein teuflischer Gedanke kommt mir: Und wenn ich die ganze Lernsoftware abräume ... Eine Weile schwelge ich in der Vorstellung. Aber dann verwerfe ich den Gedanken. Wie lange würde ich damit durchkommen? Einen Tag.

»Was ist eigentlich los?«, zischt Ralf. »Nun mach doch endlich!«

Ich schneide ihm eine Grimasse, packe meine Raubkopie wieder ein und lade das verhasste Deutschprogramm. Dann löse ich absichtlich alle, aber auch alle Aufgaben falsch, sodass die blöde Witzfigur nur noch heult und plärrt. Ich warte darauf, dass sie sich vor Kummer selbst in der Luft zerreißt.

Judith beugt sich herüber. »Jonas?«, flüstert sie.

Ich schüttle sie zornig ab. »Lass mich in Ruhe!«, fauche ich.

21 Ich wälze finstere Gedanken

Ich gehe nicht mehr in die Bücherei. Auch nicht für das Matheprogramm und genauso wenig für das Englischprogramm, das ich eigentlich ganz gern hatte.
Brettl ist sichtlich enttäuscht von mir. Aber das bin ich von ihm auch, und wie!
Ralf versucht mich zu überreden. »Wir haben doch die zwei anderen Spiele«, lockt er.
Damit kann er mir gestohlen bleiben. »Ich spiele nur noch Star Devil«, knurre ich ihn an.
»Aber wenn's doch nicht geht!«
»Krrrr!«, mache ich mit gefletschten Zähnen.
Er begibt sich in Deckung. »Hast du die Tollwut?«, will er wissen.
»Ja!«, brülle ich.
Da er so unfair ist und trotzdem in die Bücherei rennt, kriegen wir Streit. Ich nehme es ihm vor allem übel, dass er Judith mitschleppt. Die hält wahrscheinlich zu ihm, weil ich sie angefaucht habe und weil ich überhaupt sauer bin. Sonst würde sie vielleicht lieber mit mir auf Raumpatrouille gehen.
Stattdessen muss ich allein zu Hause rumhängen und finstere Gedanken wälzen.
Warum hat Brettl die Festplatten gesperrt? Warum hockt er eingemauert in seiner Ecke? Warum will er

nichts von Spielen wissen? Warum ist Star Devil auf einem seiner Computer? Wozu dient das Netzwerk, wenn doch jeder für sich arbeitet? Was ist das für eine komische Steckdose neben der Tür zur Bücherei?
Fragen über Fragen. Ich brüte mit aufgestütztem Kopf vor mich hin oder male Strichmännchen oder lenke mich mit Fernsehen ab.
Als ich am zweiten Nachmittag auch nicht weggegangen bin, kommt Mama gegen Abend zu mir ins Zimmer. Sie will wissen, was mit mir los ist. »Hast du Knatsch mit Ralf? Oder mit eurer neuen Freundin, der Judith?«
Aha, das hat sie also irgendwie spitz gekriegt.
»Die Streber!«, sage ich mürrisch. »Rennen andauernd in die Bücherei. Zu ihren blöden Lernprogrammen.«
»Dort hat's dir doch auch immer gefallen!«
Ich gebe keine Antwort, sondern murmle nur nette kleine Schimpfwörter vor mich hin.
Mama will mich trösten: »Ihr werdet euch schon wieder vertragen. Gut, dass du noch Marcel hast! – Und wenn du dich jetzt an deinen Computer setzt und ein bisschen mit der Scheibe spielst, die er dir geschickt hat?«
Ich starre sie an. Dann strecke ich meinen Arm aus. »Der Computer da drüben, *Mom, der hat nicht mal ein Laufwerk für diese Scheibe!*«
Mama schaut verblüfft hinüber. Nach einer kleinen Denkpause fragt sie ganz logisch: »Aber ... warum hat Marcel sie dann geschickt?«

»Aus Versehen«, knirsche ich. »Überhaupt muss ich ihn jetzt anrufen.« Ich lasse sie stehen und gehe hinunter zum Telefon. Ich brauche einen, an dem ich meinen ganzen Frust ablassen kann und der was kapiert. Vielleicht hat er ja auch einen Tip, wie ich Star Devil doch noch installieren könnte.
Es läutet und läutet. Niemand hebt ab. Natürlich, wenn man einmal einen Bruder braucht!

Am nächsten Tag motzt mich Brettl an, weil ich jetzt angeblich auch im Unterricht wieder nachlasse. »Das ist schade, Jonas, echt schade«, sagt er zuletzt.
Ich male mit dem Finger ein unsichtbares Muster auf meinen Tisch, so muss ich Brettl nicht anschauen. Ich habe keine Lust ihn zu sehen, denn er ist schließlich an allem Schuld.
Er wartet. Weil ich keine Antwort gebe, legt er noch mal los. »Und warum erscheinst du nicht mehr im Lernstudio? Die ganzen Nachmittage waren umsonst, wenn du jetzt aufhörst!«
Ich merke, wie mir die Galle hoch kommt. »Weil wir an den Computern nie Spiele machen dürfen, darum!«
In der Klasse wird es mäuschenstill.
Brettl ist für einen Moment sprachlos. »Also wirklich, Jonas«, meint er dann vorwurfsvoll, »ich hab dir doch gesagt, dass die Lernsoftware Spiele enthält und dass man nur eine bestimmte Punktezahl dafür braucht ...«
»Richtige Spiele!«, unterbreche ich ihn.

»Richtige? Was meinst du da zum Beispiel?«

Ich hole Luft. Dann platze ich heraus: »Star Devil oder so was!«

Brettl lehnt sich zurück und sieht mich an. »Star Devil? Du kennst also Star Devil?«

Die anderen glotzen zwischen mir und Brettl hin und her. Außer Ralf und Judith hat wohl noch niemand von ihnen jemals von Star Devil gehört.

»Ich kenn's von meinem Bruder«, sage ich.

»Ach so – klar, du hast ja diesen großen Bruder mit dem guten Rechner ... Das hatte ich ganz vergessen. Und der spielt das mit dir?«

»Nicht mit mir«, sage ich sauer. »An der Uni. Mit seinen Freunden. Daheim haben wir ja nur so eine alte Krücke von Rechner.«

Es zuckt um Brettls Mundwinkel. Lacht er mich aus oder hat er vor zu weinen?

Weder noch. Er schnappt sich einen Stuhl und lässt sich darauf nieder. Vor der ganzen Klasse. Den Kopf hat er in den Nacken gelegt. So nachdenklich hab ich ihn noch nie gesehen. Er scheint sogar vergessen zu haben, dass wir mitten in seinem heiligen Deutschunterricht sind.

Das Schweigen der Klasse hält an. Wenn sich ein Lehrer so komisch benimmt!

Auf einmal kippt sein Gesicht nach vorn und er sagt mit sorgenvoller Miene: »Leute, Leute, Leute.« Weiter nichts.

genau die träge Masse sind, als die er uns oft genug bezeichnet.

Nach dem Pausengong winkt mich Brettl zu sich. Er fragt mich, wie viele Stunden ich letztes Jahr, als ich zum ersten Mal in der Fünften war, jeden Tag mit Computerspielen verbracht habe.

Wie soll ich das noch wissen? Ich zucke die Achseln.

»Eine, zwei oder drei?«, bohrt er nach.

»Eher drei«, sage ich wahrheitsgemäß. Manchmal waren es noch mehr, solange mein Bruder Semesterferien hatte. Das verrate ich aber nicht, das weiß auch zu Hause keiner, nicht mal Marcel, der war ja arbeiten oder abends weg.

Brettl legt mir schwer die Hand auf die Schulter. »Siehst du«, sagt er. »Und jetzt wiederholst du die Klasse. Gibt dir das zu denken?«

»Sicher«, antworte ich.

»Und was gibt es dir zu denken?«

»Dass ich nun ein Jahr länger brauche, bis ich auch einen Spitzencomputer kriege! Vor dem Studium ist nichts drin, behauptet meine Mutter. Und mein Bruder, der an der Uni jede Menge Rechner hätte, nimmt mir seinen jedes Mal weg, wenn er geht!« So viel hab ich Brettl ehrlich noch nie erzählt. Ich bin mir auch nicht sicher, ob es das ist, was er hören wollte. Lehrer haben ja wahrscheinlich was ganz Bestimmtes im Sinn, wenn sie einen hinterhältig fragen: Gibt dir das zu denken?

Und richtig, er schüttelt ausgiebig den Kopf und grinst. Danach höre ich ihn was Komisches murmeln, nämlich: »Einen Bruder müsste man haben ...«
Er tut mir ja Leid, wenn er nur eine Schwester hat. Aber Marcel würde ich ihm trotzdem nicht abgeben.

22 Mich trifft's wie ein Blitz

An diesem Abend rufe ich meinen Bruder früher an und er nimmt auch prompt ab.
»Marcel«, sage ich, »mein Klassenlehrer kennt Star Devil!«
»Tatsächlich? Hast du dich erwischen lassen, Jonasbruder?«
»Quatsch!« Ich schnaube verärgert. Er soll bloß nicht herablassend mit mir reden! »Ich doch nicht«, sage ich kalt.
»Ja, also?«, meint er nach einer Weile vorsichtig.
»Brettl kennt es! Und es ist auf dem Schulcomputer!«
»Tja, Jonas, das ist kein verbotenes Spiel, weißt du. Jeder kann's kaufen.«
Er kapiert gar nichts, mein großer Bruder. So alt und so begriffsstutzig! »Aber ein Lehrer spielt doch nicht!«
Marcel lacht. »Spinnst du, Jonas? Warum denn nicht?«

»Weil er ein Lehrer ist«, sage ich verdutzt, »weil er uns alle mit Grabesstimme davor warnt ...«
»Daran erkennst du mal wieder die Doppelzüngigkeit der Lehrer«, freut sich mein Bruder.
»Was?«
»Die Doppelzüngigkeit«, wiederholt er. »He, Jonas«, redet er weiter, »ihr könnt dann ja zusammen spielen, du und dein Brettl!«
»Ha, ha, ha«, sage ich schlecht gelaunt. »Er lässt uns überhaupt keine Spiele machen! Er hat mich erst heute gefragt, ob es mir nicht zu denken gibt, dass ...«
Hier stoppe ich plötzlich. Papa, der sich gerade für den Nachtdienst fertig macht, hört jedes Wort mit. Und Mama, die ihm Stullen einpackt, auch. Ich will sie im Moment nicht daran erinnern, dass ich die fünfte Klasse wiederhole. Und schon gar nicht will ich sie auf den Gedanken bringen, dass meine Computersitzungen etwas damit zu tun haben könnten.
»Ob dir was zu denken gibt?«
»Ach ... nichts. War nicht wichtig. – Du, Marcel?«
»Hm?«
»Wann kommst du wieder?«
Er zögert. »Weiß nicht. Momentan nicht. Ich sag's dir rechtzeitig. Und jetzt muss ich auflegen. Meine Freunde rücken an.«
»Was macht ihr heute?«
»Tja, Jonas, Star Devil, weißt du, die Mehr-Spieler-Version.«

»Du Stinker!«, brülle ich. »Du gemeiner Hund!« Ich drehe meinen Eltern schnell den Rücken zu. Es ist mir egal, ob sie mich von hinten mit Blicken durchbohren.
»Tut mir ja echt Leid, Jonas. Aber wenn du dich einfach nie herbeamst …«
Veräppeln kann ich mich selber. Ist es vielleicht meine Schuld, dass die Wissenschaftler so lahm sind?
»Jonas, bist du noch dran?«
»Ja«, sage ich und reiße mich zusammen. »Danke übrigens für die Raubkopie. Was macht die Schandbeule, hat sie inzwischen den Geist aufgegeben?«
Aber das hört Marcel nicht mehr. Der muss es ja eilig haben!
Nach dem Telefonat will Mama ein Gespräch über meinen rüden Umgangston führen. Papa winkt ab. Er ist bei der Polizei an so was gewöhnt. Außerdem hat er es jetzt auch eilig.
Ich nütze die Gelegenheit und verschwinde nach oben. Ich muss sofort allein sein um meine Gedanken zu sortieren. Die wirbeln total durcheinander.
Ich glaube, ich bin einer heißen Sache auf der Spur.
Also, mein Bruder hält es für möglich oder sogar für wahrscheinlich, dass Brettl Star Devil spielt. Wenn er damit Recht hat, dann kennt Brettl vermutlich auch andere Spiele. Ja, warum denn nicht? Es kommt mir auf einmal dumm vor, dass ich es nie für möglich gehalten habe.
Das ist also Punkt eins, den merke ich mir.

Ich werfe mich auf den Boden, in Bauchlage denkt sich's am besten.
Weiter: Star Devil ist auf dem Schulcomputer. Was darf ich daraus schließen? Dass vielleicht auch andere Spiele drauf sind? Hundertpro! Damit hätten wir schon Punkt zwei.
So. Brettl hat die Computer vernetzt. Warum wohl? In die Lernprogramme hat er sich nie eingemischt. Aber ich kenne einen anderen guten Grund: Wenn mehrere Leute zusammen spielen, brauchen sie ein Netzwerk. Das wäre Punkt drei.
Ich drücke mein Gesicht in den Teppich. Höchste Konzentration! Drei Punkte bisher. Was habe ich sonst noch beobachtet?
Ja, das: Wenn sich Brettl einen Kopfhörer überstülpt und wie besessen arbeitet, sieht er genau so aus wie mein Bruder und seine Freunde beim Spielen. So hypnotisiert und magnetisiert und abgetreten und verrückt. Sieht er nur so aus oder … ODER! Punkt vier!
Ich springe auf, mich trifft's wie ein Blitz: Brettl sieht nicht nur so aus als ob, der spielt tatsächlich. Und zwar schamlos vor unseren Augen!
Im Klartext: Brettl ist ein Spieler.
Jawohl, das ist er. Garantiert ein richtiger, nicht nur ein Gelegenheitsspieler. Warum hab ich das bisher nie *gesehen*? Bin ich denn blind oder blöd? Und hat er nicht selber gesagt: Lehrer sind nicht einfach nur Lehrer?

Was kann er denn sonst damit gemeint haben, als dass er ein Doppelleben führt?

In diesem Moment geht mir plötzlich auf, warum alle zweiten Festplatten an unseren Computern gesperrt sind: weil die Spiele natürlich *überall* drauf sind! Und jetzt erst ergibt das Netzwerk einen Sinn! Ich frage mich natürlich sofort, wann Brettl es eigentlich nützt und mit wem. Aber das ist jetzt zweitrangig und soll mich später kümmern.

Erst mal muss ich meine detektivische Meisterleistung jemandem mitteilen. Ralf oder Judith? Bei Judith mag ich abends nicht anrufen. Also Ralf. Unser Streit kann mir gestohlen bleiben.

Ich wähle die Nummer und frage seine Mutter nach ihm. Danach höre ich sie seinen Namen rufen.

Ich warte. Irgendwas poltert, eine Tür knallt.

Endlich ist Ralf da und schnappt sich den Hörer. »He, Jonas«, sprudelt er los, »gehen wir morgen wieder zur Raumbasis? Judith hat auch schon gemeint, dass Tokio und Yokohama sich bestimmt ...« Aha, er hat den Streit so satt wie ich.

»Ja, sicher«, unterbreche ich ihn. »Ja, ja, die Raumbasis. Die Köter. Aber nur durch den Energieschild, sage ich dir! Ist ja gut, Ralf, nun halt die Klappe! Ich muss dir jetzt was Sensationelles erzählen. Erst mal wird der Brettl enttarnt, Mann, und zwar als Spieler! Hör zu ...« Ich teile Ralf ausführlich alle meine scharfen Beobachtungen und meine genialen Schlüsse mit.

»Jonas!«, schreit er nach mehreren ungläubigen Stöhnern auf.

»Genau«, sage ich zufrieden. Manchmal kapiert Ralf eben alles sofort, man muss ihn nur mit der Nase drauf stoßen. »Da siehst du mal, wie Lehrer sind: ganz schön hinterhältig, oder? Mein Bruder sagt, doppelzüngig!«
Er stimmt mir voll zu und setzt gleich noch eins drauf: »Ein spielsüchtiger, doppelzüngiger Schuft von Lehrer! Und uns nichts gönnen und alles für sich behalten ...«
»Genau!«, wiederhole ich. Aber in meinen Überlegungen bin ich schon weiter. »Nun weiß ich allerdings nicht, was er mit dem Netzwerk anfängt! Uns lässt er ja nicht ran.«

Ralf schweigt eine Weile verdutzt. Weil uns beiden am Telefon nichts einfällt, schlägt er dann vor, dass wir uns am nächsten Tag gleich nach der Schule und nach dem Mittagessen treffen sollten. Am besten in unserer Raumstation. Zusammen mit Judith.

Ich bin sofort einverstanden. Außerdem freue ich mich über Ralfs Einsicht; ist er doch endlich auch davon überzeugt, dass wir nur mit Judith zusammen ein vollzähliges Team sind.

In der Schule sollen sie das aber besser nicht mitkriegen. Ich brauche keine Doofmänner, die mir jeden Tag hinreiben, *Jot* und *Jot* wären verliebt!

Deshalb schmuggle ich meine Nachricht während der Pause in Judiths Mäppchen. Nach der Schule wartet sie eine Straße weiter auf Ralf und mich.

»Und was ist mit den Hausaufgaben?«, sagt sie ohne Einleitung.

»Die machst du mal am Abend«, fordere ich. Jetzt kann sie beweisen, was ihr wichtiger ist.

Sie reißt wieder mal eine Haarspange raus und steckt sie neu fest. Dann überrascht sie uns mit einem Kompromiss.

»Wisst ihr was«, meint sie, »wir bringen einfach unsere Schulsachen mit und machen sie gemeinsam, dann geht's auch schneller!«

Die ist vielleicht eine, die Judith! Die schafft doch glatt einen Spagat! Ein Spagat, sagt mein Bruder, ist eine Übung, bei der man den einen Fuß ganz hier und den anderen ganz dort hat. Oder so ähnlich.

Als sie weg ist, sage ich zu Ralf: »Merkst du was? Die Judith wird ein richtiger Kumpel und bleibt dabei auch eine Musterschülerin, ist das nicht direkt unheimlich?«

Er guckt mich an. »Merkst du auch was, Jonas? Die dreht uns langsam um! Wer in der Raumbasis Hausaufgaben macht, endet garantiert selbst als Musterschüler!«

»Moment, Ralfi!«, protestiere ich. »Nicht, wenn wir alles bei ihr abschreiben!«

23 Ralf zeigt mir den Vogel

Weil Mama mich ausgerechnet heute mit einem Paket zum Modehaus schickt, treffe ich danach als Letzter in der Raumbasis ein. Ich sehe gleich, dass Judith von Ralf über Brettls Doppelleben informiert wurde, denn sie schreit mir aufgeregt entgegen: »Wie bist du nur drauf gekommen, Jonas?«
»Reine Beobachtungsgabe«, sage ich lässig. Ich suche mir ein gemütliches Plätzchen in der Kommandozentrale. Seit Judith zu uns gehört, gibt es hier Sitzgelegenheiten aus Verpackungsteilen. Eines Tages kamen die über den Zaun geflogen, ein Beweis dafür, dass Judith nicht nur pfeifen, sondern auch werfen kann. Sie verwandelt allerdings unsere Raumbasis langsam, aber sicher in eine normale menschliche Behausung, fällt mir gerade auf und ich frage mich, wann sie was gegen die Laserkanonen haben wird.
Ralf spielt soeben an einer rum. Er hat dabei aber weder Tokio noch Yokohama im Visier. Die liegen reichlich nah bei uns auf der anderen Seite vom Energieschild und wimmern, weil sie rein wollen. Ralf und ich trauen ihnen noch nicht.
Ralf zielt auch nicht auf irgendeinen Grünling, sondern angeblich auf einen imaginären Brettl, der ihm stinkt.

»... und uns nichts gönnen«, knirscht er. »Und alles für sich behalten ...«

Dem lieben Ralf fällt seit gestern nichts anderes mehr ein.

Judith, die auf den Knien Hausaufgaben macht, hat es auch schon gemerkt. Sie stößt ihn an. »Leg mal eine neue Platte auf, Ralf, die kenn ich jetzt auswendig!«

»Könnt ihr haben!« Ralf schwenkt das Rohr zu mir. »Jonas, du bringst jetzt einfach deine Raubkopie mit! Und wenn der Brettl was will, kommen wir ihm mal anders und sagen, dass wir doch zu gern auf *seinen* Monitor gucken würden, es würde uns doch sehr interessieren, was da grade läuft!«

Ich seufze. »Darf ich dich daran erinnern, dass ich die Scheibe nicht laden kann, weil die Festplatte gesperrt ist?«

Das wischt er mit einer Handbewegung weg. »Na und? Dann fragen wir ihn eben, warum er ein solches Spiel auf einer gesperrten Festplatte versteckt!«

»Weil er's alleine spielen will oder jedenfalls nicht mit uns«, sage ich mürrisch. So kommen wir nicht weiter. »Wir wären besser in die Bücherei gegangen und hätten dem Brettl auf die Finger geschaut, anstatt hier rumzureden.«

Ralf hört mir gar nicht zu. »Der soll uns endlich auch spielen lassen!«

Jetzt mischt sich Judith ein. »Genau das darf er eben nicht. Weil er ein Lehrer ist. Weil die Lehrer uns vor

Computerspielen warnen sollen. Ihr kennt doch die Leier. Solche Spiele sind hirnlos und primitiv oder gewalttätig oder alles zusammen. Und sie halten uns angeblich vom Lernen ab …«

»Schwachsinn«, werfe ich ein.

»Doch, echt«, bekräftigt Judith. »Ich kenn das von meiner Tante, die ist Lehrerin.«

»Ach, du Sch…!«, rutscht es mir raus.

Judith kichert. »Nein, die ist gar nicht so typisch Lehrerin. Sie ist richtig nett. Stell dir vor, sie flucht immer über die Schule.«

»Über die Schule? Genau wie wir?«

»Nee, über ihren Oberboss.«

»Ist der auch der Oberboss von *Brettl*?«, frage ich.

»Das ist doch der Eberle«, behauptet Ralf.

»Der Eberle ist nur der Boss«, korrigiert ihn Judith. »Der Oberboss heißt Kultusminister oder so ähnlich.«

Bei Eberle fällt mir was ein. Nämlich der Nachmittag, an dem er so plötzlich hinter uns gestanden hat. Ich erinnere mich an Brettls Fiebergesicht. Wie er auf einmal ganz heftig korrigiert hat. Klar, der war mächtig erschrocken, weil man ihn fast bei was ertappt hätte. Und bei was wohl? Heute weiß ich es: bei einem Computerspiel, garantiert! Und wie Brettl dann aufgedreht war! Wie er Eindruck schinden wollte! Ich frage mich, wie er sich erst benommen hätte, wenn nicht der Eberle, sondern dieser Kultusminister da gestanden hätte!

Irgendwie kann ich mich direkt in ihn hineindenken. Muss daher kommen, dass ich ziemlich genau weiß, wie man sich mit einem schlechten Gewissen fühlt. Ich habe da auch so meine Erfahrungen.

Aber extra beknackt dürfte es sein, wenn man ein schlechtes Gewissen nach zwei Richtungen hat. Nach oben, weil der Boss und der Oberboss nichts wissen dürfen, und nach unten, weil man den Schülern weismachen muss, dass man von Computerspielen nichts hält, während man in Wirklichkeit ganz verrückt danach ist!

Ich sehe Brettl auch vor mir, wie er neulich in der Deutschstunde versucht hat uns was zu erklären, und wie er es hilflos wieder aufgegeben hat. Und auf einmal bin ich mir ganz sicher: Der würde nichts lieber tun als uns zu Computerspielen einladen, bestimmt!

Und das sage ich dann auch. »Der Brettl würde, wenn er könnte.«

»Was?«, will Ralf wissen.

»Na, mit uns Computerspiele machen!«

Ralf zeigt mir, wo der Vogel sitzt. Bei mir.

Ich schlage seinen Arm weg.

Judith beißt auf ihrem Stift rum und schaut von ihren Schulsachen hoch. »Vielleicht bilden wir uns aber alles nur ein«, sagt sie langsam. »Ich meine, könnte ja sein.«

»Hast du die Beweise vergessen?«, fahre ich sie an. Trüben die Hausaufgaben vielleicht ihren Verstand?

»Und du, Jonas, hast du den Brettl schon spielen sehen?«, gibt sie zurück.
»Er hat sogar ein Netzwerk!«, schreie ich.
Sie zuckt die Achseln. »Ein paar Kabel.«
»Ein paar Kabel, ein paar Kabel?« Ich werde fuchsteufelswild.
»Sie hat Recht«, fährt Ralf dazwischen. »Das mit dem Netzwerk ist Quatsch! Dann bräuchte der Brettl ja Mitspieler. Er hat aber jeden Vormittag Unterricht und am Nachmittag sind wir da. Hat er mit uns vielleicht schon gespielt? Und mit wem soll er sonst?«
»Er kommt in der Nacht«, behaupte ich einfach. Ralf soll nicht das letzte Wort haben.
»Ha, ha, da ist die Schule zu!«
Judith lässt schnell die Augen zwischen uns hin und her wandern. »Lehrer haben einen Schlüssel«, meint sie.
Aber ich sehe genau, dass sie nur schlichten will und dass sie von meinem Geistesblitz nichts hält. Sie hat eben noch nie meinen Bruder und seine Freunde eine ganze Nacht lang spielen sehen. Ich schon!
Deshalb bleibe ich jetzt stur dabei: »Der Brettl schleicht nachts mit ein paar Leuten in die Schule und hängt mit ihnen an den Rechnern!«
Judith schweigt und Ralf meint, mein Vogel sei mittlerweile gewachsen, bald würde er rauskommen.
Wir streiten uns fürchterlich. Und als es Zeit ist heimzugehen, haben wir nicht mal die Hausaufgaben gemacht, Ralf und ich.

Aber das verbindet uns auch wieder.
»Scheiße«, seufzt Ralf.
»Da hast du Recht und nur da«, sage ich.
Judith räumt ihre Tasche ein. *Sie* hat die Hausaufgaben gemacht. Wenn auch nicht ganz so schön wie sonst. Sie ist nicht daran gewöhnt, auf den Knien zu schreiben, sagt sie. Und sich dazu auch noch unser Geschrei anzuhören.
Als sie verschwunden ist und drüben bei den Grünlingen auftaucht – mit den zwei verrückt gewordenen Bestien, die sie von oben bis unten besabbern –, stellen wir fest, dass wir die Hausaufgaben eigentlich von ihr hatten abschreiben wollen. Aber dazu ist es jetzt zu spät. Judith steigt nämlich gerade in eine Edelkarosse und rollt aus unserem Blickfeld.

24 Mein Vater setzt seine Dienstmiene auf

Nach dem Abendbrot rede ich mit Papa. Der hat heute wieder mal Nachtschicht, das trifft sich gut.
»Papa«, beginne ich, »ich müsste dich um einen Gefallen bitten.«
»Hoffentlich keine Hausaufgaben?«, sagt er angstvoll. Mir bei den Hausaufgaben zu helfen ist für ihn ein ab-

soluter Horror, da macht er noch lieber die Ochsentour, also Streifendienst das ganze Wochenende lang.
»Nein, keine Hausaufgaben«, sage ich. Die sind mir heute schließlich ganz und gar wurscht.
Er atmet auf. Ich sehe, dass er bereit ist, mir jeden anderen Gefallen zu tun. Wenn es nicht gerade ein 3000-Mark-Computer ist, den er kaufen muss. Aber ich weiß ja schließlich, was ich verlangen kann.
»Würdest du«, bitte ich ihn, »wenn du heute Nacht auf Streife bist, die Rückseite vom Gymnasium anschauen, ich meine die Fenster hinten zum Gebüsch, ob da Licht ist, ob da Geräusche zu hören sind, was man eben bei der Polizei so kontrolliert?«
Papa starrt mich an, als hätte ich gerade eben doch einen 3000-Mark-Computer verlangt. Er setzt sich sogar hin. Obwohl er vorgehabt hat, in seine Uniform zu steigen.
Ich blinzle verwirrt. Warum sagt er nicht einfach *okay*?
Er streckt den Finger aus. »Jonas, was weißt du?«
»Ähh, hm, Papa …«
Wird das vielleicht ein Verhör?
»Du bist zu Hause, Papa, noch nicht im Dienst«, erinnere ich ihn.
»Gut, gut. Aber lenk jetzt nicht ab. Was weißt du also?«
Himmel, was ist denn in den gefahren?
»Was soll ich wissen?«, frage ich verwirrt.
Papa schüttelt den Kopf. »Das ist so ziemlich die dümmste Gegenfrage, Jonas, erspar mir bitte so was!«

Ich bin komplett ratlos und rufe: »Aber ich weiß echt nichts!«

»Warum schickst du mich dann nachts zur Schule?«

»Ich ... Das ist eine viel zu lange Geschichte, Papa!«

»Ich habe noch Zeit.«

»Aber ich weiß überhaupt nichts!«

»Dann vermutest du was?«

»Ähh, ja, aber doch nichts Kriminelles!«

»Das zu beurteilen überlass bitte mir.« Er hat jetzt vollends seine Dienstmiene aufgesetzt, ihm fehlt nur noch die Uniform.

Mir wird blitzartig klar, dass ich mit meiner Geschichte Brettl in Schwierigkeiten bringen könnte.

»Hm, Papa«, sage ich, »vergiss es.« Ich gehe zur Tür.

»Jonas!«

Nein, er kriegt aus mir nichts raus! Ich bleibe zwar brav stehen, aber mit dem Rücken zu ihm. Ich höre ihn seufzen.

»Na schön«, sagt er. »Ich ziehe dich ins Vertrauen. Aber das muss ganz unter uns bleiben, Jonas, kann ich mich darauf verlassen? Es ist ein Dienstgeheimnis!«

Jetzt drehe ich mich doch zu ihm um. »Natürlich, Papa.«

»Also gut. – Jonas, wir haben schon zweimal den Anruf einer Frau reingekriegt, die neben der Schule wohnt. Da würden nachts seltsame Dinge vor sich gehen, Geräusche, Schreie, ein Tumult, was auch immer. So. Euer Direktor bestreitet aber, dass eingebrochen

worden ist. Nichts fehlt, nichts ist beschädigt. Wir haben seitdem ein paarmal einen Kontrollgang gemacht, aber uns ist nichts aufgefallen. Jetzt bist du dran, Jonas. – Moment, was gibt's hier zu grinsen?«
Ich kann nicht anders, es kommt einfach über mich.
»Also, Papa«, pruste ich, »die Anrufe darfst du vergessen!«
Er schüttelt den Kopf. »So einfach ist das nicht.«
»Doch, echt, wenn ich's dir sage!« Ich berichte ihm von meiner Vermutung.
»Was? Computerspiele? Lehrer? In der Nacht?«, fragt er ungläubig. Er steht auf und steigt endlich in die Uniformhose, die er die ganze Zeit vor dem Bauch gehalten hat.
Ich nicke zustimmend. Sein Kurzprotokoll trifft es genau.
Mein Vater greift sich die Jacke von der Sessellehne. »Glaub ich nicht. Wir schauen uns das heute an.«
Da fährt der Schreck in mich. »Aber ihr nehmt den Brettl und seine Freunde doch nicht fest?«
Papa zuckt die Achseln. Ich sehe, dass er an meiner Story mächtig zweifelt.
Schnell rede ich weiter: »Macht das bloß nicht! Das sind wirklich nur Spiele! Ich könnte es euch genau sagen, wenn ich die Geräusche hören würde!« Ich bin drauf und dran, mich an seine Uniform zu klammern.
Jetzt überlegt er doch. »Kann sein, dass ich dich aus dem Bett hole«, murmelt er nach einer qualvoll langen

Minute. »… falls wir was hören, auf das wir uns keinen Reim machen können.«

»Aber ganz bestimmt!«, bettle ich.

»Kann sein, hab ich gesagt.« Damit zieht er endlich die Jacke an.

25 Geräusche, die einem das Blut gefrieren lassen

Ich kriege vor Aufregung kein Auge zu. Liege im Bett und horche. Wenn ich wenigstens mit Ralf oder Judith telefonieren dürfte! Aber Papa hat von einem Dienstgeheimnis gesprochen, er verlässt sich auf mein Schweigen.

Gerade wälze ich mich zum ich-weiß-nicht-wie-vielten-Mal rum, da geht draußen das Licht an. Ich höre meinen Vater mit meiner Mutter reden und springe aus dem Bett.

Als Papa klopft, bin ich schon fertig angezogen.

»Gehst du später mal zur Polizei?«, meint er anerkennend.

»Schon möglich.« Ich grinse geschmeichelt. 23.30 Uhr.

»Also gut«, sagt Papa grimmig, »in deiner Schule spukt's tatsächlich.«

Wir parken den Streifenwagen in einer Seitenstraße. Papas Kollege Georg ist auch dabei. Papa und er zeigen mir drei Autos mit drei unterschiedlichen fremden Kennzeichen, die man sonst höchstens mal auf der Autobahn zu sehen kriegt. Aha!
Danach marschieren wir zur Schule.
Vor dem Eingang brennt eine Bogenlampe. Sonst ist es dunkel. Die Fenster sind schwarz, die Tür ist verschlossen. Niemand käme auf den Gedanken, dass im Haus jemand sein könnte.
Wir schleichen uns das ganze Gebäude entlang und biegen um die Ecke. Es ist sehr merkwürdig, nachts hier zu sein. Bei Tageslicht kenne ich jeden Stein am Boden, aber jetzt ist alles richtig unheimlich. Ich kriege doch glatt Herzklopfen.
Hinten sind die Fenster genauso schwarz, aber an dreien sind die Rollos abgelassen, nur an dreien, und ich weiß auch, welche das sind: die von der Bücherei und vom Nebenraum.
Als wir uns näher schleichen, höre ich den Tumult hinter dem letzten Fenster. Fürchterliche Geräusche sind das, denke ich, für eine Nachbarin, die auf der anderen Seite vom Gebüsch und vom Zaun wohnt. Geräusche, die einem das Blut gefrieren lassen, wenn man im Raumgleiter durchs All jagt, wenn die Außerirdischen angreifen, wenn der Laser zischt …
Jemand stöhnt, ein anderer schreit auf.

Papa packt mich am Arm. Ich kann sein Gesicht nicht sehen, dazu ist es zu dunkel. Aber ich höre ihn zischen: »Ein Spiel, sagst du, soll das sein?«

»Ja«, hauche ich. »Ich weiß sogar, welches. Star Devil.«

»Da wird nicht zufällig jemand gefoltert?«

Ich schüttle ungeduldig den Kopf. »Man schreit oder stöhnt, weil man selbst richtig im Spiel ist«, wispere ich. »Du müsstest nur mal zuschauen, wenn Marcel mit seinen Kumpels spielt!«

Georg und Papa haben sich zu mir niedergebeugt. Aber in Wirklichkeit müsste ich gar nicht flüstern, denn die da hinter dem Fenster hören nichts. Die sind im schnellen Raumgleiter irgendwo im All.

O Mann, ich möchte bei ihnen sein!

»Was machen wir jetzt?«, raunt Georg.

»Erst mal nichts.« Papa lässt endlich meinen Arm los. Wir gehen zum Streifenwagen zurück.

Dort angekommen sage ich flehend: »Ihr verratet den Brettl doch nicht?« Womöglich schmeißt ihn der Direktor sonst noch raus!

Papa meint nachdenklich: »Ich weiß nicht. Wenn es ist, wie du sagst, und wenn du den Namen des Lehrers kennst, suche ich ihn vielleicht besser erst mal zu Hause auf und rede mit ihm.«

»Du kannst die Geschichte nicht einfach auf sich beruhen lassen?«

»Wir dürfen die Anrufe nicht ignorieren, wir müssen jeder Sache nachgehen«, sagt er unwillig.

»Und ein paar Tage warten kannst du auch nicht?«
»Doch, das vielleicht schon.«
»Dann versprich es mir!«, bitte ich ihn.
»Zwei Tage. – Was hast du vor, Jonas?«
»Ich habe keine Ahnung!«, sage ich. »Aber vielleicht kann ich eine Andeutung machen und er hört damit auf … Dann musst du doch nicht mehr den Direktor verständigen, oder?«
Papa tauscht einen Blick mit Georg. Der zuckt die Achseln.
»Wir werden sehen. Zwei Tage.«
Damit bringen die beiden mich heim und ich falle todmüde ins Bett.

26 Ralf ist sauer auf mich

Am nächsten Vormittag beobachte ich Brettl zwei Stunden lang. Er hat nicht nur vergessen die Hausaufgaben abzufragen, er blinzelt auch dauernd, als würden ihm die Augen wehtun, und er reibt sie.
Richtig, das hat er manchmal. Genauso wie dieses unterdrückte Gähnen, wegen dem er momentan nicht weiterreden kann. Und noch was fällt mir auf: Er hat eine total zerbissene Unterlippe.

Ich selbst hab mir schon einige Male die Lippen wund gebissen, ganz besonders damals, als ich Star Devil spielen durfte. Das weiß ich jetzt plötzlich wieder.

»Schau mal Brettls Unterlippe an«, sage ich hinter vorgehaltener Hand zu Ralf. So viel darf ich doch wohl mit ihm reden, damit ist noch lange kein Dienstgeheimnis verraten.

Ralf studiert die Lippe. Dann flüstert er mit Kennermiene: »Der war heute Nacht bei seiner Freundin. He, Jonas, und jetzt weißt du auch, was er nachts tut, ha, ha, ha!«

Ich grinse besserwisserisch in mich hinein. Aber leider kann ich Ralf nicht aufklären, da mein Vater auf meine Verschwiegenheit vertraut. Auch wenn ich vor Redelust platze, darf ich es nicht. Nur grübeln kann ich …

Wie mach ich Brettl klar, dass er in Gefahr ist? Dass in spätestens zwei Tagen die Polizei bei ihm aufkreuzt? Soll ich es ihm sagen? *Herr Brettschneider, die Polizei weiß, was Sie in der Nacht tun.* Hilfe, nein, das kann ich nicht! Soll ich ihn anrufen? Aber er erkennt garantiert meine Stimme.

Da fällt mir das Talkprogramm ein, mit dem man bei vernetzten Computern Botschaften austauschen kann. Es ist auf Brettls Rechnern installiert. Ich kenne es, weil mein Bruder mich mal an der Uni damit hat rumspielen lassen; ich durfte seinen Freund Tino anwählen und ihn in Marcels Namen fragen, ob er, Tino, nicht auch langsam genug hätte von dem Scheißarbeitstag und mit auf ein Bier ginge. Tino war einverstanden. Aber er wollte den Namen von Marcels Grundschullehrerin wissen, die gehöre aus dem Verkehr gezogen, meinte er, denn sie hätte es versäumt, Marcel das Rechtschreiben beizubringen…

Das Talkprogramm, ja, damit kriege ich die Sache hin!

Dazu muss ich nur am Nachmittag in die Bücherei. Aber das wollte ich ja sowieso. Mit Ralf und Judith.

Leider stehe ich im Gegensatz zu den beiden nicht in der Liste. Weil ich mich vor Zorn ja nicht mehr eingetragen habe. Irgendwie verlasse ich mich aber darauf, dass Ralf mir seinen Computer abtritt.

»Hast du Star Devil dabei?«, fragt er mich gleich auf dem Flur.

Als ich den Kopf schüttle, schaut er mich enttäuscht an, verzieht den Mund und geht dann ohne ein weiteres Wort rein.

Ich folge ihm eilig. »Ralf«, flüstere ich, »ich brauch dringend deinen Computer!«

»Du kannst mich mal«, murmelt er. »Feigling!«

»Hast du *Feigling* gesagt?«, fauche ich in seinem Rücken.

Ich habe im Moment keine Augen für Judith, die mich von ihrem Platz aus fragend anschaut, und erst recht keine für Heike, die den dritten Computer besetzt.

Brettl ist natürlich auch noch da. Er verbittet sich mein Getöse.

»Aber ich lass mich doch nicht Feigling schimpfen!«, sage ich empört. Dann erst fällt mir wieder ein, worum es bei der Sache geht.

Brettl zieht die Stirn hoch und will von Ralf wissen, was los ist.

Na, wenn Ralf jetzt auspackt, ist es mir auch egal. Dann brauch ich kein Talkprogramm mehr, dann ist sowieso alles versaut. Finster mustere ich ihn.

Ralf guckt von Brettl zu mir und wieder zu Brettl, er öffnet den Mund, aber heraus kommt nichts. Soll er doch loslegen, soll er doch sagen, er will auch Spiele machen, wie gewisse Lehrer! Jetzt ist die Gelegenheit dazu da, jetzt soll er Brettl festnageln!

Aber Ralf sieht auf einmal aus wie einer, der verlernt hat, bis drei zu zählen. Er steckt den Kopf zwischen die Schultern und fängt unsicher zu grinsen an. Traut er sich nicht oder was? Er starrt die Rückseite von Brettls Monitor an, aber das hilft ihm auch nicht weiter. Klar, Beweise hat er keinen. Alles kann auf dem Misthaufen meiner Fantasie gewachsen sein, das ist es, was ihm wahrscheinlich zu schaffen macht.

»Okay, erledigt«, sagt Brettl schließlich und wendet sich wieder seinem Bildschirm zu.

Ralf schnauft aus und legt eine Scheibe in den mittleren Computer ein.

Ich zucke die Achseln und beuge mich zu Judith. »Trittst du mir für eine Weile deinen Platz ab?«, bitte ich sie. »Du könntest dir so lange ein Buch nehmen ...«

Judith schaut mich forschend an.
Ich komme ihrer Frage zuvor. »Leider darf ich nicht darüber reden.«
Ich weiß nicht, was in ihr vorgeht, aber sie steht wortlos auf.
»Danke«, flüstere ich und schenke ihr einen Strahleblick. Sie ist einmalig. Das sollte ihr mal jemand sagen. Sie nickt und fummelt an einer Haarspange und verkrümelt sich zu den Büchern.
Ralf schielt verblüfft, als ich den Monitor von ihm wegdrehe.
Ich grinse ihn freundlich an. Da zieht er die Brauen zusammen und gibt auf einmal vor, ungeheuer beschäftigt zu sein.
Heike neben ihm meldet sich. »Herr Brettschneider, Herr Brettschneider!« Sie fuchtelt mit dem Arm, weil Brettl jetzt den Kopfhörer aufhat.
Der merkt was und macht ein Ohr frei. Aber er guckt kaum vom Bildschirm weg.
»Der Jonas hat am Computer gedreht, darf man das?«
»Petze!«, zischen Ralf und ich gemeinsam.
Jetzt blickt mich Brettl an.
Ich starre zurück. »Ich habe den Computer nicht mal berührt«, sage ich verachtungsvoll, »ich habe den *Monitor* gedreht!« Die ist ja total dämlich! Ralf kann einem Leid tun, wegen der Feindberührung. Zum Glück sitze ich vor Judiths Computer und weit genug weg von dieser Petze namens Heike.

»Weitermachen,« sagt Brettl ungehalten und hängt schon wieder am Bildschirm. Störungen kann er bekanntlich nicht leiden.
Gleich wird er massiv gestört werden ...

27 Star Devil an Brettschneider

Ich öffne das Talkprogramm. Es kann losgehen. Heimlich zähle ich noch bis hundertsieben, schimpfe mich endlich selber einen elenden Feigling und klicke auf den Rechner namens Brettschneider.
Jetzt muss es an Brettls Ohr läuten, bei mir tutet es bereits im Kopfhörer. Bloß nicht rüberschauen! Wie er wohl guckt? Ob er denkt, sein Computer spinnt?
Mein Herz bummert, meine Finger zittern. Das Tuten – hört auf. Er hat seinen Hörer angeklickt, er hat *abgenommen*!
Ich fange zu schwitzen an. Die Tasten werden klebrig, als ich tippe: *Star Devil an Brettschneider*.
Meine Aktion soll nämlich wie ein Spiel rüberkommen, ich will die schlimme Nachricht sozusagen in Watte verpacken. Damit Brettl nicht gleich einen Schock kriegt. Seine Antwort braucht eine halbe Ewigkeit. Dafür ist sie echt verdammt kurz, sie lautet: *Ich höre*.

Was hat er so lange gemacht? Sich von der Verblüffung erholt? Mein Gesicht studiert? Meins und das von Ralf und das von Heike? Nein, Heike traut er es bestimmt nicht zu.
Mutig tippe ich: *Sie sind in Gefar!*
Mit der Rechtscheibung bin ich mir nicht sicher, aber er wird's schon lesen können, Deutschlehrer sind an was gewöhnt.
Oh! Auf welchem Planeten?, ist seine Antwort.
Gott sei Dank, er spielt mit! Ich merke, dass ich die ganze Zeit die Luft angehalten habe, und blase sie endlich raus.
Auf der Erde. Nachts, an diesem Ort, schreibe ich. Versteht er oder muss ich deutlicher werden? Gespannt warte ich auf seine Reaktion.
Da kommt sie: *Wie bitte?*
O Sch..., das liest sich nicht mehr wie ein Spiel!
Ich schlucke und tippe: *Sie sind endeckd! Die Feinde lauern im Hinterhalt!* Halb rechne ich damit, dass er aus seiner Ecke springt, zu unseren Computern rennt, mich am Kragen packt, sobald er mich hat, und die Wahrheit aus mir rausschüttelt. Ich ziehe das Genick ein und schaffe es, auch jetzt nicht hochzuschauen. Dabei fällt mir plötzlich ein, dass er längst weiß, wer mit ihm Verbindung aufgenommen hat, das Programm nennt ihm ja den Rechner!
Mein Schreck darüber ist kurz, denn Brettls Antwort lautet: *Star Devil, wer sind die Feinde?*

Na also, na also! Ich atme auf. Brettl ist eben doch ein echter Spieler, der verliert den Kopf nicht und steigt auch nicht einfach aus! Riesig ist das, jawohl. Es fängt gleich an mir Spaß zu machen! Ich grinse vor mich hin und schreibe: *Die Weltraumstreife hat Geräusche gehört.*

Das gibt ihm eine ganze Weile zu denken. *Wer hat sie alarmiert?*, fragt er schließlich.

Da antworte ich hastig: *Eine Nachbahrin. Ich war's nicht!* Ob ich mal treuherzig rüberschiele? Nein, nein. Spiel bleibt Spiel. Ich verkneife es mir.

Aber du weißt Bescheid, Star Devil? Wie kommt das?

Mein Vater ist bei der Weltraumstreife, informiere ich ihn.

Eine echte Überraschung für Brettl. *Ach so? Das ist ja interessant. Und was hat die Streife vor?*

Ich sage es ihm ungern, aber ich muss: *Sie gibt Ihnen noch zwei Tage.*

Das verdaut er erst mal gründlich. *Zwei Tage? Wofür, Star Devil?*

Gute Frage! Ich glotze die Tastatur an. Dann tippen meine Finger: *Zum Einstellen der Aktivi...* Schweres Wort. Wie schreibt man das? Es gefällt mir doch so gut, wenn ich nur Ralf fragen könnte! Ich belasse es einfach bei *Aktivi...* mit Pünktchen, Brettl wird's verstehen. Und weiter: *Sonst muss die Streife es wohl dem Direktor melden. Wegen der Anzeige von der blöden Nachbahrin.*

Äuge ich mal rüber, wie er's aufnimmt? Nein, die Antwort ist schon da, sie kam direkt angeschossen:
Mir scheint, Star Devil, du bist auf meiner Seite?
Aber hundertpro!, tippe ich. Ich finde schließlich, gegen Bosse und Oberbosse muss man zusammenhalten. Vor allem, wenn sie so gemein sind einem das Spielen zu verbieten.
Warum hast du dich nicht schon längst gemeldet?, fragt mein Bildschirm.
Weil Sie sich verdammt gut getarnt haben!, grolle ich.
Brettl ist anderer Meinung: *Nicht gut genug. – Wer hat die Streife am Handeln gehindert?*
Bescheiden wähle ich die kürzeste Antwort: *Ich.*
Mein Bildschirm sagt: *Danke, Star Devil.*
Das hört man doch gern. Obwohl es selbstverständlich war.
Keine Ursache. Ende. Ich nehme die Finger von den Tasten. Uff!
Es kommt aber noch eine Botschaft: *Ich weiß es zu schätzen, Star Devil. – Pass auf: Kannst du mir wohl den Jonas mal eben in die Bücherei schicken? Am besten in die Leseecke. Danke und Ende.*
Au wei, was soll das jetzt? Bin im Moment gar nicht scharf darauf persönlich in Erscheinung zu treten. Trotzdem tippe ich: *Okay und Ende.* Spiel bleibt Spiel. Ich schließe das Talkprogramm. Als ich mich zurücklehnen will, knalle ich mit dem Hinterkopf gegen Ralf. »Au!«, sagt er. Und dann, in totaler Verblüffung: »Wie

machst du es, dass dein Computer mit dir redet? Und was ist das für ein Spiel?«
Ich bin mächtig erschrocken. Der Stinker hat mir über die Schulter geguckt! Gut, dass wir nicht Klartext gefunkt haben, Brettl und ich!
»Später«, murmle ich hastig, »du hast ja gesehen: Ich muss los!« Damit schiebe ich meinen Stuhl zurück.
»Ralf!«, ruft Brettl, als ich gehorsam an ihm vorbei nach nebenan zu den Büchern gehe. »Hast du die Kartons auf dem Flur gesehen? Das sind aussortierte Bücher für den Flohmarkt, sie sollen auf den Dachboden. Würdest du das bitte für mich übernehmen? Heike kann dir die Türen öffnen. Heike?«
Die springt natürlich sofort auf. Ralf will die Arbeit aus begreiflichen Gründen lieber später machen, aber sie lässt es nicht zu. »Komm schon!«, ruft sie ungeduldig. Zum Dachboden ist es übrigens unendlich weit. Man muss in den Nebentrakt und von da ...
Ich grinse in mich hinein. »Jetzt hast du drei Rechner«, sage ich großzügig zu Judith, die noch zwischen den Büchern stöbert.
»Meiner reicht mir«, lacht sie und läuft hinüber zu ihrem Arbeitsplatz.
Ich lasse mich in die Leseecke plumpsen und warte mit gemischten Gefühlen auf Brettl.

28 Ich bin eben ein verkanntes Genie

Brettl fällt neben mich. Die Sitzecke staubt.
»Du bist mir vielleicht einer!«, sagt er mit einem anhaltenden Kopfschütteln.
»Verkanntes Genie«, grinse ich. An der alten Couch ist ein schöner, langer Faden, an dem ich rumpople.
»Bisschen einseitig, wie alle Genies?«, vermutet er.
»Wieso einseitig?«, will ich wissen.
»Na ja ...« Brettl lacht leise. »Wenn's halt für das, was du gerne tust, auch Noten geben würde ...«
»Klar«, seufze ich. Nach der Aufregung von vorhin rede ich jetzt erleichtert drauflos: »Aber für meine Computerbegabung interessiert sich eben keiner. Nur dafür, ob ich Nachbarin auch schön mit h schreibe!«
»Öhh«, sagt Brettl, »Nachbarin schreibt man ohne h ...«
Er hält mir einen Zettel hin. Darauf stehen vier Wörter: *Gefahr, entdeckt, Aktivitäten, Nachbarin.*
»Tja«, sage ich betreten. Er faltet den Zettel taktvoll zu.
»Dafür hab ich aber beim ersten Star-Devil-Spielen bereits hunderttausend Punkte gemacht!«
»Tatsächlich? Das ist allerhand!« Brettl mustert mich beeindruckt.
Kühn schaue ich ihm in die Augen. »Leider durfte ich es nur einmal spielen«, gebe ich bekannt.

Er nickt und fängt an nachzudenken. Dazu legt er den Kopf mit geschlossenen Augen ins Polster. Ich drücke die Daumen, dass ihm was Gescheites einfällt.
Es hilft.
»Jonas«, sagt er und richtet sich auf, »jetzt, wo ich deine ... hm ... Spezialbegabung kenne, machen wir es anders. Du kannst Star Devil mitbringen ...«
Ich bin mit einem Satz auf den Beinen.
»Moment.« Brettl streckt seine langen Arme aus und drückt mich wieder in den Sitz. »Ich war noch nicht fertig!«
Aha, das dicke Ende kommt erst; er ist eben doch ein Lehrer, wie konnte ich das so schnell vergessen? Ich beäuge ihn misstrauisch.
»Das ist eigentlich kein Spiel für Kinder«, sagt er. »Wenn ich's dich spielen lasse – was ich wirklich nicht tun dürfte –, will ich wenigstens eine Gegenleistung sehen um mein Gewissen zu beruhigen. Was schlägst du vor?«
Ich seufze tief und lasse den Kopf hängen.
Darüber lacht Brettl leise. »Man kriegt eben im Leben nichts geschenkt. Du nicht und ich nicht und dein Bruder bestimmt auch nicht. Also, dein Vorschlag?«
Ich komme wohl nicht drum herum. »Halbe-halbe«, sage ich. »Eine Stunde Deutsch, eine Stunde Spiel.«
»Zwei Drittel – ein Drittel«, korrigiert er. »Spielen kannst du schon besser. Für das andere brauchst du mehr Zeit. Einverstanden?«

Muss ich wohl sein. Außerdem hätte ich noch gestern von einer solchen Abmachung nicht mal träumen dürfen. Ich nicke also.

Brettl scheint zufrieden. Etwas geht ihm noch im Kopf rum. »Wir können es mal zusammen spielen, es gibt eine Mehr-Spieler-Version, in der einer vorprescht und die anderen ihm den Rücken decken …«

»Ist es das, was Sie mit Ihren Freunden machen?«, frage ich aufgeregt.

»Ja. Ich verrate dir jetzt ein Geheimnis: Die Herstellerfirma hat einen Gruppenwettbewerb ausgeschrieben. Die Gruppe, die auf der Computermesse die meisten Punkte macht, gewinnt eine Reise. Wir haben große Chancen. Es gibt nur noch eine weitere Gruppe, die so gut ist wie wir oder sogar noch ein bisschen besser. Die einzelnen Gruppen und ihre Leistungen stehen im Fachblatt, ich kann dir das nachher zeigen. Am Sonntag treten wir gegeneinander auf der Messe an …«

»Das ist ja schon in zwei Tagen!«

»Ja«, nickt er. »Eine Nacht bräuchten wir noch. In der zweiten müssen wir ausschlafen. – Denkst du, dein Vater drückt noch mal ein Auge zu?«

»Er hat es mir versprochen«, sage ich. »Und wenn Sie ganz leise wären, würde man ja nichts hören …«

»Ja.« Brettl macht ein schuldbewusstes Gesicht. »Ich hätte nie gedacht, dass man es von draußen hört. Im Übrigen waren wir so vorsichtig, wir haben nicht mal vor der Schule geparkt!«

Das kann ich bestätigen, ich habe die fremden Autos in der Seitenstraße stehen sehen. Eine Sache fällt mir ein, die mich die ganze Zeit schon brennend interessiert: »Wer sind die anderen denn?«

»Wir haben uns übers Internet kennen gelernt. Zuerst haben wir auch übers Internet gespielt, aber dann wollten wir uns richtig treffen.«

»Haben Sie einen Internet-Anschluss?«, sage ich verblüfft.

»Jonas, Jonas.« Er schüttelt den Kopf. »Ist dir das vielleicht gar entgangen?« Damit winkt er mir zu und geht voran zu der Steckdose mit dem komischen Stecker.

Das ist also der Anschluss. Wieder dazugelernt. Ich befingere den Stecker, während Brettl über seinen Tisch springt und in einem Heft zu blättern anfängt.

»Hier«, flüstert er, nachdem er sich davon überzeugt hat, dass Judith sich nicht für uns interessiert. Er zeigt auf einen Bericht. »Das sind wir. Unser Kürzel ist SITA. Das steht für Stefan, Ines, Tobias und Andi.«

»Ines? Ist das ein Mädchen?«, wispere ich.

Brettl nickt.

Eine wie Judith, denke ich daraufhin und schaue verstohlen zu ihr hinüber. Und dabei stelle ich fest, dass sie sich sehr wohl für uns interessiert, sie schielt wie ein Weltmeister. Aber Brettl merkt es nicht, weil ihn sein Heft so fesselt. Mich übrigens jetzt auch wieder.

SITA hat sich, wie ich lese, mit neun Millionen Punkten für den Wettbewerb qualifiziert. Zwei Gruppen liegen knapp darunter und eine sogar etwas darüber. Das Kürzel dieser letzten Gruppe ist LECRAM.

»Das sind ja sechs Leute!«, sage ich überrascht.

Brettl schüttelt den Kopf. »Es geht nur bis vier.«

Ich glotze das Wort an und überlege und bin verwirrt, weil mein Kopf was melden will, aber ich weiß nicht, was.

Na, egal.

»Ich drücke Ihnen die Daumen, Herr Brettschneider, dass Sie gewinnen«, flüstere ich.

»Danke, Jonas.« Damit klappt Brettl das Heft zu und lässt es verschwinden. In einer Schublade, in der auch die Schablone liegt.

»Eh«, sage ich und strecke den Arm aus.

Er hält inne. »Kennst du die etwa?«

Ich nicke. Jetzt ist mir übrigens auch klar, dass es seine eigene ist und dass er sie keinem weggenommen hat.

»Ein Adventure«, sagt er. »In das kannst du Wochen investieren, bis du fertig bist.«

»Stimmt genau! Mein Bruder hat das auch.« Dass ich selber letzten Sommer wochenlang davor gesessen habe, sage ich lieber nicht.

»Deinen Bruder sollte ich mal kennen lernen«, meint Brettl.

Da fällt es mir wie Schuppen von den Augen und ich weiß, was LECRAM heißt.

29 Brettls Geheimnis ist bei mir sicher

Ralf kommt angestaubt und säuerlich vom Dachboden zurück. Ich höre, wie er mit Heike schimpft, weil sie angeblich nicht ein einziges Päckchen getragen hat.
Das wäre ihm mit Judith nicht passiert.
»Was ist hier los?«, fegt er mich an. Denn er sieht nur Judith am Rechner sitzen.
»Ach, Ralf, wasch dir doch bitte erst die Hände«, sagt Brettl freundlich. Und als Ralf zur Toilette verschwunden ist, geht er mit mir noch einmal hinters Bücherregal. Er macht einen besorgten Eindruck.
»Jonas, Ralf ist dein bester Freund. Weiß er ...«
»Nein, nein«, beruhige ich ihn schnell, »das ist ein Dienstgeheimnis zwischen mir und meinem Vater!«
»Gott sei Dank«, seufzt Brettl erleichtert. »Ich will nämlich nicht, dass irgendwas von meiner ... ähh ... Nachtarbeit durchsickert. Ich werde das in Zukunft sowieso anders machen ...«
»Stimmt es, dass Lehrer nicht spielen dürfen?«, rutscht mir raus.
»Was?« Er lacht verwundert. »Wer sollte es mir verbieten?«
Der Kultusminister, denke ich, aber ich sage es nicht, es kommt mir auf einmal wie Bockmist vor.
Außerdem erwartet Brettl sowieso keine Antwort.

»… Nur habe ich leider keinen eigenen Computer dieser Größenordnung und, verstehst du, es wird nicht gern gesehen, wenn Lehrer nachts in der Schule sind. Da muss ich noch eine Lösung finden. Vielleicht halte ich Kurse für die Kollegen, dann werde ich wohl die Erlaubnis kriegen. Etwas fällt mir schon ein. Das muss dich nicht beunruhigen. Wenn du nur deinem Vater Bescheid sagst wegen heute Nacht.«
Ich nicke. Ich höre Ralf zurückkommen.
»Herr Brettschneider«, flüstere ich hastig, »das Geheimnis ist bei mir sicher. Aber dürfen Ralf und Judith dann auch mitspielen?«
Brettl runzelt die Stirn. Meine Bitte passt ihm nicht, das ist klar zu sehen. Nur hat er nicht lange Zeit zu überlegen. Er brummt widerwillig: »Na schön, wenn's sein muss. Tragt euch aber immer zusammen in die Liste ein und nicht vor vier Uhr, sodass niemand mehr nach euch kommt. Verstanden?«
»Sicher«, sage ich. Bin ich vielleicht blöd?
Durch eine Lücke im Bücherregal hindurch sehe ich, wie Ralf an der Tür zögert und stehen bleibt. Er äugt herüber, zuckt die Achseln und dreht dann ab zu seinem Rechner.
Ich schaue zu Brettl auf. »Darf ich Ralf und Judith jetzt gleich das Talkprogramm zeigen?«
»Okay«, grunzt er.
»Und könnten Sie bitte die Heike auf den Dachboden beamen oder ins Weltall?«

»Jonas! Wirklich!« Brettl nimmt mein Ohr und testet, ob es fest angewachsen ist. Es hält. »Fürs Frechsein«, knurrt er. »Dein Problem mit Heike musst du schon selbst lösen.«

Damit lässt er mich stehen.

Ich schlendere zu Ralf, der zwar an seinem Rechner sitzt und den Kopfhörer auf hat, aber nichts tut. Es ist sonnenklar, er wartet auf mich. Er kennt sich überhaupt nicht mehr aus.

»Rück mal«, sage ich und quetsche mich mit auf seinen Stuhl. Ich murmle in sein Ohr: »Sag gar nichts, lass mich einfach machen.«

Ralf als echter Kumpel merkt, dass es wichtig ist. Er legt die Hände in den Schoß.

Ich rufe das Talkprogramm auf. Dann wähle ich Heikes Computer an. Die Lautstärke von Ralfs Kopfhörer habe ich runtergedreht, damit er kein Tuten hört und uns nicht aus Versehen verrät.

Heike zuckt zusammen. Sie fährt nah an den Bildschirm ran und wieder zurück und wieder ran. Sie glaubt es nicht, das Alien hat doch noch nie geklingelt! Sie wird immer nervöser, denn an ihrem Ohr läutet ganz ohne Zweifel ein Telefon.

Es wird ihr zu viel. Sie reißt den Kopfhörer runter und springt gepeinigt auf. »Herr Brettschneider, Herr Brettschneider!«, ruft sie in heller Verzweiflung. »Mein Computer tutet wie ein Telefon, aber ich hab gar nichts gemacht!« Gleich wird sie heulen.

»Wie ein Telefon?«, wundert sich Brettl. Er schaut mich an. Der Groschen fällt. »Dein Computer tutet wie ein Telefon?«, wiederholt er und seine Mundwinkel zucken. »Dann ist er vielleicht überlastet, man sollte ihm eine Pause gönnen.«
»Aber ich hab wirklich nichts gemacht!«
»Natürlich, Heike«, beruhigt sie Brettl.
»Ich lass dann mal alles so ...«
»Sicher. Jonas soll sich drum kümmern. Vielleicht kann er auch das Läuten abstellen.«
Heike ist sichtlich froh, ungeschoren davonzukommen. Sie verschwindet ziemlich schnell.
Ich kann endlich ihren Platz einnehmen, neben Ralf war's doch etwas unbequem. Als Erstes greife ich noch mal hinüber und schraube bei ihm die Lautstärke hoch, damit er das Tuten hört. Dann klicke ich bei mir den Hörer an, die Verbindung ist hergestellt.
Hallo, Ralf, schreibe ich, siehst du jetzt, was man mit einem Netzwerk machen kann?
Er liest, er schaut her, dann grinst er bis zu den Ohren. Seine Finger bearbeiten die Tastatur.
Mann, das ist ja ein Ding!, sagt mein Bildschirm.
Das kannst du glaupen!, tippe ich zurück.
»Glauben mit b«, flüstert Judith mir zu. Sie steht doch tatsächlich hinter mir und ihre Haare kitzeln mich an der Wange. »Ich will auch mitspielen! Darf man das überhaupt?«
»Ja. Brettl hat's genehmigt.«

Schon sitzt sie an ihrem Arbeitsplatz und schaut den Bildschirm erwartungsvoll an.
Als Brettl den Laden für heute dicht macht, hab ich's eilig heimzukommen. Erstens, weil das Dienstgeheimnis in größter Gefahr wäre, wenn ich mit Ralf und Judith ginge, und zweitens, weil mir das Kürzel LECRAM im Nacken sitzt. Sollen sie für den Moment denken, was sie wollen. Das kann ich später aufklären.

30 Ich verblüffe Marcel mit meiner Hellseherkunst

Atemlos komme ich zu Hause an und sehe, dass Mama seit achtundvierzig Minuten telefoniert.
Ich tupfe mit dem Finger aufs Display.
»Wenn ich das machen würde«, sage ich.
»Ist nur Ortstarif«, wispert sie. »Meine Freundin …«
»Kannst du mal ein Ende finden, ich brauche Fern!«, dränge ich. Genervt scheucht mich Mama davon. Jetzt sind ihr vielleicht zweieinhalb Schmalzsätze ihrer Freundin entgangen. Das tut mir aber Leid! Wenn die nicht bald aufhört, zieh ich den Stecker raus. Ich muss Marcel erreichen, und zwar sofort!
Ich stehe am Türspalt und hüpfe von einem Fuß auf den anderen.

Von hinten kommt Papa. »Warum gehst du nicht aufs Klo, Jonas?«

»Hilf mir«, flehe ich, »mach, dass sie den Hörer auflegt!« Ich lasse ihn einen Blick auf Mama tun, die im Sessel sitzt, den Hörer am Ohr, die Beine auf dem Tisch.

»Hab ich einen Hunger!«, brüllt Papa.

Mama fährt herum. Ihr Blick zeigt mir wieder mal, dass Erwachsene auch Schuldgefühle haben, das finde ich gerecht. Sie beendet das Gespräch.

Papa grinst. Er ist gut drauf. Daran erkenne ich, dass es mit dem Schlafen geklappt hat. Wenn er Nachtschicht hat, gibt's da manchmal Probleme.

»Was ist jetzt mit deinem Lehrer?«, fragt er.

»Nur noch diese Nacht, Papa. Und sie sind ganz leise!«

»Du hast mit ihm gesprochen, tatsächlich?«

»Ja, Papa. Aber lass mich mal eben mit Marcel telefonieren, es ist unheimlich wichtig!«

»Kannst du nicht den Nachttarif abwarten?«, meint er.

»Nein, da geht er nicht mehr ran!«

Mama mischt sich ein: »Marcel? Warum sollte er das Telefon nicht abnehmen?«

Wenn ich Mama das begreiflich machen wollte, müsste ich ungefähr eine Woche am Stück reden. »Du kannst mithören, Mom, dann wird dir alles klar«, sage ich gegen meine Überzeugung. Ich wähle Marcels Nummer.

Als er abnimmt, lege ich los: »Marcel, du Stinker, du hast über neun Millionen Punkte bei Star Devil vorgelegt, du bist am Sonntag beim Wettbewerb und hast keinen Ton gesagt!«

Ich muss Luft holen. Das gibt ihm Gelegenheit, sein Erstaunen zu äußern. Da Papa die Freisprechtaste gedrückt hat, hören wir ihn laut stammeln: »Eh ... du ..., hast du vielleicht die Gabe des Hellsehens? Du bist doch mein kleiner Bruder, oder?«

»Allerdings«, sage ich genüsslich.

»Ey, Jonas ..., ich wollte dich sogar mitnehmen zum Zuschauen und Daumendrücken, aber ich bin schon nervös genug. Sag den Eltern nichts.«

»Sie hören mit«, kläre ich ihn auf.

»Oh ..., ja, dann ...« Er braucht eine kleine Weile, bis er sich gefasst hat. Dann sprudelt er raus: »He, ihr alle, hier geht's um eine Reise nach Kalifornien, nach Silicon Valley, und die wollen wir gewinnen, meine Freunde und ich!«

Papa und Mama gucken ziemlich verständnislos drein. Ich flüstere ihnen zu: »Silicon Valley ist der Traum aller Computerfreaks, dort werden die bedeutendsten Prozessoren gebaut, die Chips ..., ach, hört lieber zu!«

Mein Bruder berichtet soeben, dass er und seine Freunde heute Nacht eine letzte Übungssession machen. Dann müsste es klappen. Nur noch eine weitere Gruppe sei ungefähr so stark wie sie ...

»Warum in der Nacht?«, flüstert Mama.

»Weil sie am Tag studieren«, wispere ich ihr ungeduldig zu. »He, Marcel, mach mal einen Punkt. Ich weiß nämlich was. Ich kann dir sagen, wer hinter dem Kürzel SITA steckt!«

»Nein, kannst du nicht!«

»Aber ja.«

Wie ich das genieße! Sollen sie doch alle Rechtschreibasse sein, meinetwegen. Wenn ich auch noch perfekt rechtschreiben könnte, wäre ich Superman!

»Du spinnst, Jonas«, tut Marcel die Sache ab.

Ich grinse meine Eltern fröhlich an und stelle mir das Gesicht meines Bruders vor. Dann öffne ich den Mund.

»Es ist mein Lehrer, zusammen mit seinen Internet-Freunden!«

Eine, zwei, drei Sekunden Schweigen.

»Mann, so klein kann die Welt doch nicht sein!«, flüstert Marcel.

»Hätte ich auch nicht gedacht«, gebe ich zu.

Er stöhnt. Ich merke, wie es in seinem Kopf arbeitet.

»Jonas, kannst du ihnen morgen ein wenig Rizinus füttern?«

»Das ist das Problem, Marcel.« Ich kratze mir verzweifelt mit meiner freien Hand den Nacken. »Jetzt hab ich Brettl schon versprochen, dass ich ihm die Daumen drücke!« Es ist wirklich schwierig. »Und ich will sogar, dass er gewinnt!«

»Jonas!«, schreit Marcel empört.

Mama hält sich vor Schreck die Ohren zu.

»Ja …«, sage ich kleinlaut. »Was soll ich denn tun?«

»Geh zu ihm und nimm dein Wort zurück!«

»Aber wenn ich's doch vielleicht ... wirklich ... will ... He, Marcel, warum könnt ihr nicht beide gewinnen?«
Ich bin echt in der Klemme. Das hat Brettl wieder mal hingekriegt. Der macht mich noch ganz krank. Ich muss ja eigentlich zu meinem Bruder halten, oder?
Marcel denkt inzwischen kräftig nach.
Papa flüstert mit Mama. Ich sehe sie nicken und den Kopf schütteln und nicken.
Marcel sagt: »Nur eine Gruppe kann gewinnen. Wenn wir es nicht sind, soll's meinetwegen dein Lehrer sein. Wenn dir schon so viel an ihm liegt. Dann bist wenigstens du nicht enttäuscht.«
»Bin ich doch«, sage ich geknickt. Echt, ich halte es nicht aus, wenn Marcel verliert.
»So ist das Leben, Kleiner. Alles kriegt man einfach nie.«
Hab ich das nicht schon mal gehört?
Nach ein paar weiteren Schweigesekunden fällt mir was ein. »Du, Marcel? Das Daumendrücken hat doch sowieso überhaupt keinen Wert. Es kommt doch nur darauf an, wie gut ihr seid, oder nicht?«
»Ja, das schon.«
»Und wenn die anderen besser sind, dann ist's doch eigentlich gerecht, oder?«
»Richtig, Schlaumeier.«
»Also warten wir einfach, wer geschickter ist und die stärkeren Nerven hat!«
»Wir!«, schmettert mein Bruder. »Und jetzt leg auf, ich hab keine Zeit mehr! Nein, warte noch, Jonas. Sag, wie

bist du eigentlich auf uns gekommen, das will ich wirklich wissen!«

»Ja, ich kenn doch dein Kürzel!«, rufe ich. Dass es mir im ersten Moment nicht eingefallen ist, behalte ich für mich.

»Mann, Jonas, es gibt hunderttausend Marcels und alle lesen sich von hinten wie LECRAM!«

»Aber sie sind nicht so einfallslos, das als Kürzel zu verwenden!« Ich kichere glücklich, weil er zu weit weg ist um mir eine zu langen. Sein empörtes Schnauben trifft mich nicht.

Papa kommt ganz nah ran und ruft in die Sprechmuschel: »*Wir* drücken jedenfalls *dir* die Daumen, deine Mutter und ich!«

»Ja, Marcel!«, quäkt Mama dazu.

Marcel lacht. »Danke. Ich sag euch Bescheid. Knallt dem Jonas eine von mir, der wird zu frech. Tschüs, Jonasbruder! Tschüs, ihr alle!« Damit legt er auf.

Ich behalte geistesabwesend den Hörer in der Hand und frage mich, warum Papa so zufrieden grinst.

Und schon erfahre ich es.

»Der wird Augen machen, ha!« Er reibt sich die Hände.

»Wenn er uns unter den Zuschauern sieht!«, fügt Mama hinzu und nimmt mir sanft den Hörer ab.

Ich glotze sie an. »Ihr habt doch nicht vor …«

»Doch, Jonas. Wir drei. Aber weil es ihn nervös macht, darf er uns erst hinterher sehen. Wir verstecken uns in der letzten Reihe.« Papa strahlt, als hätte ihm der Poli-

zeipräsident einen Orden verliehen. Dann verdüstert sich sein Gesicht. »Mensch!«, ruft er verzweifelt, »wir wissen ja nicht, wo das ist!«
Ich kann ihn augenblicklich beruhigen. Denn ich weiß es. Erstens kenne ich als Computerfreak den Ort der größten Fachmesse in Deutschland und zweitens habe ich meine Augen zum Lesen benützt, als Brettl mir das Fachblatt gezeigt hat. Das gleicht meine Rechtschreibschwäche voll und ganz aus, wie man sieht.
Denn meine Eltern strahlen alle beide.
Ich werfe mich in den Sessel, den Mama verlassen hat. Ich bin überglücklich. Obwohl ich nicht weiß, wie ich es verkraften werde, wenn einer meiner Favoriten verliert. Und einer muss ja …
Egal. Jedenfalls werde ich Ralf und Judith eine Kleinigkeit zu erzählen haben am Montag. Brettls Erlaubnis vorausgesetzt. Die kriege ich garantiert, wenn er gewonnen hat. Und wenn nicht, fällt mir auch was ein.
Mir fällt immer was ein.

Irma Krauß

Die Bande der geheimen Skater

Was suchen wohl ein Mädchen und drei Jungen frühmorgens an einem Schultag vor dem Supermarkt? Des Rätsels Lösung: Alle vier wollen die supergünstigen Inlineskates ergattern. Dummerweise aber haben Sigrid, Mischa, Achim und Knolle, die sich auf diese Weise kennen lernen, aus den verschiedensten Gründen von ihren Eltern Skates-Verbot. Da ist blitzschnell eine geheime Skaterbande gegründet!

Ab sofort stöbern Sigrid und die Jungen nach versteckten Plätzen, tauschen Botschaften aus und natürlich lernen sie skaten. Das macht eine Menge Spaß. Nur das mit dem ständigen Geheimhalten vor anderen ist manchmal verflixt schwierig. Und mit der Freundschaft in der Bande klappt es auch nicht auf Anhieb... Doch zuletzt denken sich die vier eine tolle Überraschung für die Erwachsenen aus. Und danach gehören sie wirklich zusammen!

Ab 10 Jahren, 168 Seiten

aare

Wolfgang Brenneisen

Andy der Fußball-Joker

Es sieht gar nicht gut aus für Andy, den Neuen in der fünften Klasse: In Mathe blickt er nicht durch, beim Fußball im Sportunterricht wird er von den anderen ignoriert, obwohl er wirklich gut spielt, und zu allem Übel lassen ihn seine Eltern nicht in den Fußballverein, solange er keine besseren Noten nach Hause bringt. Aber bald soll vieles anders werden: Özkan, das erklärte Mathe-Ass der Klasse, will mit Andy pauken – natürlich nicht ganz uneigennützig, denn Özkan spielt selbst im Verein und seine Mannschaft braucht nun mal dringend Verstärkung. Und tatsächlich kommt Andys gute Mathenote keine Sekunde zu früh. Jetzt kann das Match um die Meisterschaft losgehen – mit Andy als Fußball-Joker!

Ein temporeicher Kinderroman für alle Fans der »schönsten Nebensache der Welt«.

Ab 10 Jahren, 116 Seiten

aare